연세대학교 김대중도서관 연구총서 7

# 김대중 대통령의 복지노동개혁

연세대학교 김대중도서관 연구총서 7

# 김대중 대통령의
# **복지노동개혁**

2024년 8월 30일 초판 1쇄 발행

지은이 양재진 · 이장원 · 김용익 · 김영순
펴낸곳 연세대학교 출판문화원
주소 서울특별시 서대문구 연세로 50
등록 1955년 10월 13일(제9-60호)
전화 02) 2123-3378~80
팩스 02) 2123-8673
전자우편 ysup@yonsei.ac.kr
홈페이지 http://press.yonsei.ac.kr
인쇄 화신문화(주)

ISBN 978-89-6850-883-7(93910)

값 18,000원

연세대학교
김대중도서관
연구총서 7

# 김대중 대통령의 복지 노동 개혁

양재진 · 이장원 · 김용익 · 김영순 공저

연세대학교 출판문화원

# 발간사

『김대중 대통령의 복지노동개혁』은 연세대학교 김대중도서관이 장기프로젝트로 진행 중인 김대중 연구 총서 시리즈의 7번째 연구서이다. 그리고 이 책은 2024년 김대중 대통령 탄생 100주년을 맞이하여 대통령 재임 시기 사회경제분야 업적을 조명하기 위해서 기획한 3종의 연구서 중에서 지난 2월에 출간된 『김대중 대통령의 지식 정보 강국: 꿈이 현실로』에 이어 두 번째로 출간되는 연구서이기도 하다.

김대중 대통령은 한국 현대사에 매우 큰 영향을 준 인물이기에 학문적으로 연구할 만한 주제가 많다. 그동안 다양한 연구가 이루어졌는데 대통령 재임기 사회경제분야 정책의 내용, 성격, 성과 등을 다룬 연구는 상대적으로 적었다. 김대중도서관이 김대중 대통령 탄생 100주년을 맞이해서 김대중 정부 시기 '지식 정보 강국 건설', '복지국가의 구현', '문화강국으로의 발전' 등을 주제로 한 연구서를 기획한 것은 이러한 배경에서였다.

이 책의 주제인 김대중 정부 복지·노동 분야 관련 기존 연구를 보면 개별 정책을 독립적으로 다룬 연구는 상당 부분 존재한다. 그런데 정책의 기본 배경이 되는 김대중 대통령의 정치철학과 정책이념 등을 분석하고 이것과 정책추진 과정 사이의 상관관계 등을 종합적으로 분석한 연구는 거의 없었다. 이 연구에서는 이런 미흡한 점을 보완했다. 또한 김대중 정부 복지·노동 분야 주요 정책과 개혁 추진 과정 및 성과 등을 한 권의 책에서 모두 살펴볼 수 있다는 점은 이 책의 또 다른 장점이다.

김대중 대통령은 권위주의 산업화 전략의 모순과 한계를 극복했을 뿐만 아니라 민주적 시장경제론에 근거한 사회경제시스템의 대전환을 시도했고 큰 성과를 거두었다. 이것의 가장 대표적인 분야가 복지와 노동이었으며 김대중 대통령은 이 분야에서 패러다임적 전환을 이루어냈다. 복지·노동분야의 신기원(新紀元)을 개척한 김대중 대통령의 정치철학과 각종 정책을 종합적으로 분석한 이 책은 학문적인 의미가 크다고 생각한다.

이 책은 전체 5장으로 구성되어 있다. 먼저 1장은 김대중 정부 복지정책의 기원과 기조를 밝히기 위한 목적에서 양재진이 '김대중의 복지 철학과 생산적 복지'라는 주제로 썼다. 그 다음의 2장, 3장, 4장, 5장은 복지·노동 분야 김대중 정부의 구체적인 정책에 대한 분석을 시도했다. 2장은 김대중 정부 노동정책의 내용과 성과를 분석하기 위하여 이장원이 '김대중 정부 노동 정책의 대전환: 성과와 한계'라는 주제로 썼으며 3장은 김대중 정부 보건의료분야 개혁에 대해서 김용익이 '김대중 정부의 보건의료개혁: 건강 보험의 출범과 의약분업의 시행'이라는 주제로 썼다. 4장은 김대중 정부 시기 국민연금이 공적연금으로 공고화되는 과정에 대해서 양재진이 '국민연금 도시지역 확장과 공적 연금의 공고화'라는 주제로 썼고 5장은 우리나라 공공부조제도의 금자탑으로 불리우는 김대중 정부의 국민기초생활보장제도에 대해서 김영순이 '국민기초생활보장제도 도입'이라는 주제로 썼다.

이렇게 이 책은 김대중 대통령의 복지철학과 김대중 정부 복지·노동 분야 주요 정책에 대한 5개의 논문으로 구성되어 있다. 이 책은 김대중 대통령을 포함해서 복지와 노동 분야에 관심을 갖는 일반 시민과 연구자들에게 많은 도움을 줄 수 있으리라 생각한다. 많은 분들이 이 책에 관심을 가져 주기를 바란다.

2024년 8월

저자를 대표해서

**양재진**

차 례

## 제1장 김대중의 복지 철학과 생산적 복지

양재진



## 제2장 김대중 정부 노동 정책의 대전환: 성과와 한계

이장원

## 제3장 김대중 정부의 보건 의료 개혁: 건강 보험의 출범과 의약 분업의 시행

김용익



## 제4장 국민연금 도시 지역 확장과 공적 연금의 공고화

양재진

## 제5장 국민 기초 생활보장 제도 도입

김영순

# 제1장

# 김대중의 복지 철학과 생산적 복지

양재진

## 제1장

# 김대중의 복지 철학과 생산적 복지

양재진(연세대학교 행정학과 교수)

## 들어가며

김대중 정부 시기는 한국 복지국가의 발전에 있어 가장 중요한 변곡점으로 이해된다. 김대중 정부에서 내세웠던 '생산적 복지'는 '민주주의'와 '시장 경제'와 동급으로 삼위일체를 그리며 3대 국정 이념으로 자리하였다. 복지를 최고 수준의 국정 목표로 삼은 것은 최초의 일이었고, 이후에도 찾아보기 힘들다. 이명박 정부의 '능동적 복지'나 박근혜 정부의 '맞춤형 복지' 그리고 문재인 정부의 '포용적 복지'나 윤석열 정부의 '약자 복지'는 복지정책의 방향을 제시하는 수준이지, 민주주의와 시장 경제 같은 수준의 국정 이념은 아니었다. 노무현 대통령의 복지국가 철학인 '비전 2030'이 '생산적 복지'에 비견

될 수 있겠으나, 생산적 복지와 달리 국정 후반기인 2006년에 선포되어 정책적 결실을 많이 이루지 못하였다.

사실 '생산적 복지'는 김영삼 정부에서도 1995년 3월 '삶의 질 세계화 구상'을 발표하며 한국적 복지 사회를 만들기 위한 5가지 원칙 중 하나로 제시된 개념이기도 하다. 그러나 김영삼 정부의 생산적 복지와 달리 김대중 정부의 생산적 복지가 '민주주의'와 '시장 경제'와 대등한 수준의 국정 이념이 된 이유는 무엇인가? 여기에는 두 가지 배경이 있다.

첫째, 1997년 IMF 경제 위기로 불리는 전무후무한 경제 위기이다. 당시 한국 사회는 전례 없는 대량 실업이 발생하고, 고용은 크게 불안해졌으며, 소득 격차가 크게 확대되고 있었다. 그런데 사회 안전망은 미비했다. 과거 빠른 경제 성장과 이에 힘입은 완전 고용 때문에 강력한 사회 안전망의 필요성이 크지 않았기 때문이다. 가히 무방비 상태에서 경제 위기가 닥친 것이다. 대량 실업에 따른 사회적 충격은 매우 컸다. 사회 보장 제도 완비는 시급한 상황적 과제였다.

둘째, 최고 결정권자인 김대중 대통령의 친복지 이념과 시장 경제에 대한 믿음이다. 과거 개발 연대에는 경제와 복지 혹은 성장과 분배를 이분법적으로 나누고, 이들은 서로 상충 관계에 있는 것으로 여기고는 했다. 그러나 김대중은 복지는 그 자체로 인권의 신장 측면에서 국가가 실천해야 하는 주요 정책이라는 생각이 강했다. 동시에 시장 경제의 탄탄한 발전을 위해서라도 복지가 필요하다고 보았다. 생산과 복지가 이분법적으로 나뉘는 것이 아니라, 서로가 선순환할 수 있다고 보았던 것이다. 따라서 생산적 복지라는 용어는 김대중 대통령이 야당 지도자 시절부터 사용했던 개념이었고, 결국 집권과 함께 국정 이념으로 격상될 수 있었다.

김대중 정부는 1997년 경제 위기와 대량 실업 사태 속에서 대한민국 헌정사에서 최초로 여야 간 수평적 정권 교체로 탄생했다. 보수 우위의 정치 지형에서 김대중과 새정치국민회의는 전통 보수 야당인 김종필의 자유민주연합과 소위 DJP 연합을 결성하고, 대선 승리 후 공동 정부를 구성하였다. 김대중 정부는 1997년 IMF 경제 위기를 극복하기 위해 신자유주의적 개혁을 단행함과 동시에 복지를 확대했다. 과거 국가 주도 경제 개발 시대에 형성되어 산업화 시기를 이끌었던 경제 시스템은 세계화 시대에 질곡으로 작용했다. 이에 김대중 정부는 신자유주의 노선에 입각해 재벌, 금융, 노동시장 개혁을 단행했다. 이 과정에서 일시적이나마 대량 실업이 크게 발생하고, 경제 위기를 극복했음에도 이후 고용은 불안정해졌으며, 임금과 소득 격차는 확대되었다. 김대중 정부는 주요 정치적 지지 기반인 노동자와 저소득 계층의 지지를 유지하려면, 경제 개혁을 회피해야 했다. 그러나 대한민국 경제가 침몰하는 상황에서 김대중 정부는 '신자유주의적'이라는 비판을 감수하며 경제 개혁을 밀고 나갔다.

여기서 노동시장 개혁의 희생자들에 대한 사회 보장 강화는 이들을 지지 기반으로 한 김대중에게는 정치적으로 필수였다. 이런 정치적 고려가 아니더라도 김대중 대통령의 복지에 대한 오랜 신념이 사회 보장 강화를 도왔다. 경제 위기와 대량 실업 사태가 아니더라도 김대중 대통령은 '생산적 복지론(productive welfarism)'을 3대 국정 이념으로 제시했을 것이다. 그만큼 오랜 신념이었기 때문이다. 결국 김대중 정부는 4대 사회 보험(국민연금, 건강 보험, 고용 보험, 산재 보험)의 대대적인 확장과 공적 부조의 개혁(국민 기초 생활보장 제도의 도입)을 이루어 냈다.

김대중의 생산적 복지론은 경제 위기 상황에서 응급 조치로 탄생한 것이 아니다. 김대중은 일찍이 1955년 『사상계』에 쓴 "한국노동운동의 진로"라는 글에서 시장 경제에서 "상당한 낙오자가 생기는 것은 불가피한 일[로]…… 일방에 있어서는 각종의 사회 보장 제도의 실시를 강력히 추진하여서, 노년, 질병, 교육, 실업…… 등 재난에 필요한 대책을 강구해야 할 것"임을 강조한 바 있다.[1] 그리고 경제 위기가 발발하기 전인 1997년 5월 새정치국민회의 전당 대회에서 행한 대통령 후보 수락 연설에서 김대중 후보는 "일하고 싶은 사람은 일을 할 수 있도록 직업 훈련과 취업 알선을 할 것이고, 일을 할 수 없는 사람은 철저히 국가가 보호하는 생산적 복지를 실현하도록 하여 그들이 안심하고 행복한 삶을 누릴 수 있게 하겠다."라며 '생산적 복지'를 천명하기도 했다.[2] 김대중의 친복지적 사회 철학의 기반 위에, 김대중 정부는 경제 개혁기에 노사정 합의와 사회 보장 제도 확장을 적극적으로 꾀하였던 것이다.

---

1 김대중. 1955. "한국노동운동의 진로", 『사상계』 27호, p.43.

2 김대중. 1997. "새정치국민회의 후보선출전당대회에서의 15대 대통령 후보 수락연설" (1997.5.19.), 『김대중 대통령 전집』. 연세대 김대중도서관.

이에 이 글은 다음과 같이 구성되었다. 첫째 절에서는 1997년 경제 위기로 인해 산업화 시기에 형성된 복지 패러다임의 전환이 불가피하게 된 상황에 대해 논의한다. 둘째 절에서는 김대중의 복지 철학과 생산적 복지론의 내용과 의미를 살펴본다. 셋째 절에서는 생산적 복지론의 실천 결과로 나타난 복지 개혁과 친복지정책망 형성에 대해 다룬다. 마지막 절에서는 김대중 복지 개혁의 의미를 평가하고자 한다.

## IMF 경제 위기와 과거 복지 수요 충족 시스템의 붕괴[3]

한국은 산업화 시기 수출 지향 경제 발전을 추구하는 과정에서 노동 통제와 최소한의 복지국가를 유지하여 왔다. 사회 보장 제도의 도입과 발전은 지체되어 있었지만, 근로기준법의 고용 보호 조항과 평생 고용의 관행으로 인해 적어도 전략적 산업 부문의 핵심 노동자들은 매우 안정적인 고용을 유지해 왔다. 하지만 1997년 발전 국가 경제 모델의 한계에 따른 경제 위기와 이의 필연적 결과인 대량 실업은 커다란 사회적 희생을 초래했다.

과거 '경제 우선'의 개발 정책은 당시 한국의 경제력 수준에 비해 볼 때, 사회 복지의 저발전을 가져왔다. <표 1-1>에서 알 수 있듯이 대부분의 산업화된 서구 국가들은 복지국가 탄생의 지표인 GDP

3 이 절은 다음 논문에 크게 의존해 작성되었다. 양재진. 2017. "김대중의 사회복지 패러다임 전환과 복지개혁", 박명림(편), 『1987년 민주헌정체제의 등장과 운영II: 김대중』. 파주: 카오스북.

3% 수준의 공공 사회 지출을 1920년대 이전에 달성하였다. 이후 이들 나라의 공공 복지 지출은 계속해서 증가하였고, 대부분의 나라는 1930년대에 5% 문턱을 넘었다.[4] 이에 비해 한국의 복지국가 도약은 매우 늦었다. 한국은 1990년에 3% 문턱을 넘고, IMF 경제 위기로 GDP가 줄고 사회 지출은 늘었던 1998년이 돼서야 5%를 넘었다.

<표 1-1> 복지국가 탄생 시점에서의 사회 복지 지출

| | 사회 복지 지출≥3% GDP | 사회 복지 지출≥5% GDP |
|---|---|---|
| 독일 | 1900 | 1915 |
| 스위스 | 1900 | 1920 |
| 영국 | 1905 | 1920 |
| 스웨덴 | 1905 | 1921 |
| 덴마크 | 1908 | 1918 |
| 뉴질랜드 | 1911 | 1920 |
| 노르웨이 | 1917 | 1926 |
| 네덜란드 | 1920 | 1934 |
| 미국 | 1920 | 1931 |
| 프랑스 | 1921 | 1931 |
| 호주 | 1922 | 1932 |
| 벨기에 | 1923 | 1933 |
| 이탈리아 | 1923 | 1940 |
| 핀란드 | 1926 | 1947 |
| 오스트리아 | 1926 | 1932 |
| 일본1) | - | 1972 |
| 한국2) | 1990 | 1998 |

자료: Christopher Pierson. 1991. 『Beyond the Welfare State?: The New Political Economy of Welfare』. Cambridge: Polity Press, p.111.

1) 일본 데이터는 CWSD(Comparative Welfare State Dataset) 1960-2000로부터.

2) 한국 데이터는 OECD SOCX 2009로부터.

4 Christopher Pierson. 1991. 『Beyond the Welfare State?: The New Political Economy of Welfare』. Cambridge: Polity Press, p.111.

한국 복지국가의 도래가 늦어진 이유는 서구 선진 산업 국가에 비해 한국의 산업화가 뒤늦었던 것으로 설명할 수 있다. 그러나 뒤늦은 산업화를 감안하더라도, 한국의 복지국가 발전은 심하게 뒤처졌다. 대부분의 유럽 복지국가에서는 1인당 소득 $10,000 수준에서 GDP의 약 20%를 사회 복지에 사용했다. 그러나 한국은 이에 한참 못 미쳤다. 한국의 1인당 소득은 유럽 국가들보다 10년 정도 늦은 1992년에서야 $10,000을 달성하였다. 그런데 당시 한국의 사회 복지 지출은 유럽 국가의 1920년대 수준과 비슷한 3.1%에 머물러 있었다(<표 1-2>). 한마디로 경제 수준에 비해 국가 사회 복지가 저발전 상태에 머물러 있던 것이다.

**<표 1-2> 1인당 국민 소득 1만 달러 달성 시점에서의 복지 지출**

(GDP 대비 %)

| 스웨덴 | 덴마크 | 독일 | 프랑스 | 이탈리아 | 스페인 | 영국 | 미국 | 일본 | 한국 |
|---|---|---|---|---|---|---|---|---|---|
| 27.1%<br>(1980) | 24.8%<br>(1981) | 23.5%<br>(1981) | 21.8%<br>(1981) | 19.4%<br>(1981) | 17.4%<br>(1987) | 19.6%<br>(1983) | 13.1%<br>(1978) | 11.4%<br>(1982) | 3.1%<br>(1992) |

자료: OECD SOCX 2009와 OECD「Country statistical profiles 2010」

참고: 괄호 안의 숫자는 1인당 소득(PPP, 명목 소득)이 $10,000를 달성한 년도를 나타낸다.

당시 한국에서 국가의 가용 자원은 경제 개발과 인적 자원 개발에 우선적으로 투자되었고, 사회 복지를 통한 분배는 후순위로 밀려 있었다. 그렇지만 사회 보장 제도의 저발전이 곧바로 복지 수요의 미충족으로 이어지지는 않았다. 빠른 경제 성장은 많은 일자리를 만들어 냈고, 사실상의 완전 고용을 이루어 냈다. 소득의 차이는 있었으나 누구든 일을 할 수 있었고, 소득 상승을 피부로 느낄 수 있었다.

<표 1-3> 빈곤선 이하 인구 비율 국제 비교 (단위: %)

| | 1970-80년대 | 1980-90년대 |
|---|---|---|
| 아르헨티나(도시 지역) | 7.6(1980년) | 28.5(1990년) |
| 브라질(전국) | 34.1(1980년) | 40.9(1989년) |
| 칠레(전국) | 45.0(1985년) | 34.8(1990년) |
| 멕시코(전국) | 16.6(1984년) | 22.6(1989년) |
| 베네수엘라(전국) | 4.0(1980년) | 12.9(1989년) |
| 한국(도시 지역) | 20.4(1975년) | 7.4(1995) |

자료: Robert Kaufman. 1998. "Latin America: the Nest Challenges." 「Paper prepared for Princeton Seminar: The Political Economy of Latin America」, 11, 한국의 경우는 Robert Holzmann, Mac Arthur, and Yvonne Sin. 2000. 『Pension Systems in East Asia and the Pacific: Challenges and Opportunities』. http://www.worldbank.org/pensions (검색일: 2000. 10. 01.), Annex B5.

한국은 당시 유사한 수준의 중위 소득 국가는 물론이고 세계에서 가장 급속한 실질 임금 상승을 이루었다. 그 결과 <표 1-3>이 보여주듯, 빈곤 구제에서 괄목할 만한 성과를 이룰 수 있었다. 1970년대만 해도 20%가 넘었던 우리나라 빈곤 인구는 1990년대에 들어서며 10% 이하인 7.4%까지 떨어졌다. 실질적인 완전 고용 상태에서 안정적인 소득 증가는 곧 시장을 통한 복지 수요의 충족이 가능했음을 의미한다. 다시 말하면, 고도 성장기 한국의 발전 국가가 공공 사회 복지 발전을 지체시켰음에도 불구하고, 경제적 성취가 결과적 측면에서 한국의 복지 수준을 높였던 것이다.

여기에 상부상조의 가족 문화와 기업 복지가 보조적인 역할을 충실히 수행하여, 산업화 시기 한국형 복지 모형 형성을 도왔다.[5] 발전 국가 한국의 사회 복지 저발달 이면에는 그 발전 국가를 지탱하고

5 김연명. 1998. "저성장 고실업 사회, 사회적 안전망을 짜자." 「참여연대 사회복지특별위원회 자료 모음집」, 『IMF 시대와 한국사회복지』.

있던 '고성장-저실업' 구조 위에 가족과 기업 복지의 기본 틀이 존재하고 있었던 것이다.

<표 1-4> 아시아 경제 위기 국가의 고용과 실질 임금 변화율 (단위: %)

| | 한국 | | 인도네시아 | | 말레이시아 | | 태국 | |
|---|---|---|---|---|---|---|---|---|
| | 1997 | 1998 | 1997 | 1998 | 1997 | 1998 | 1997 | 1998 |
| 총고용 | 1.4 | -5.8 | 1.8 | 2.6 | 4.6 | -2.7 | 1.8 | -3.0 |
| 농업 | -3.4 | 0.0 | -4.7 | 13.3 | -0.6 | -5.3 | 1.3 | -1.8 |
| 비농업 | 2.4 | -6.5 | 6.8 | -4.7 | 5.8 | -2.2 | 2.2 | -3.9 |
| 제조업 | -4.3 | -13.1 | 4.1 | -9.8 | 7.6 | -2.9 | -0.1 | -1.9 |
| 건설업 | 1.7 | -26.4 | 10.6 | -15.9 | 8.9 | -13.7 | -5.6 | -33.6 |
| 실질 임금(전체) | - | - | 8.6 | -41.0 | - | - | 5.7 | -1.5 |
| 농업 | - | - | 4.1 | -35.0 | - | - | 10.0 | -8.9 |
| 비농업 | 2.6 | -10.0 | 9.9 | -42.0 | - | - | 5.0 | -0.5 |
| 제조업 | 0.7 | -10.6 | 11.1 | -44.0 | 6.0 | -2.4 | 7.1 | -4.5 |
| 건설업 | 3.3 | -14.7 | 8.5 | -42.0 | - | - | 3.8 | -2.2 |

자료: World Bank. 1999. 『Global Economic Prospects and the Developing Countries 2000』. Washington, DC: World Bank.

그러나 IMF 경제 위기는 고도 성장기 40여 년간 한국 사회를 지탱해 왔던 독특한 복지 수요 충족 시스템을 그 기저에서부터 흔들어 놓았다. <표 1-4>에서 보듯, 경제 위기 발생 이듬해인 1998년에 그 어떤 아시아 경제 위기 국가보다 실업과 실질 소득의 감소가 두드러졌다. 특히, 발전 국가 시기 한국 산업의 중심축을 형성하였던 제조업과 건설업의 타격이 매우 심했다. 제조업의 경우 전체 고용의 13% 이상이 사라졌다. 소득도 10% 이상 줄어들었다. 건설업의 경우는 더욱 심했다. 고용과 소득이 각각 26.4%와 15%가량씩 줄어들었다. 공적인 사회 안전망이 미비한 상태에서 실업과 시장 소득의 감소는 곧바로 빈곤 증대와 소득 분배 악화로 나타났다.

**<표 1-5> 빈곤과 소득 분배의 경제 위기 전후 비교** (단위: %)

| | 1996 | 1997 | 1998 | 1999 (1/4분기) | 1999 (2/4분기) | 1999 (3/4분기) |
|---|---|---|---|---|---|---|
| 빈곤율 (도시 지역)[1] | 9.6 | 8.6 | 19.2 | - | - | - |
| 소득 분배[2] | | | | | | |
| 최상위 20% | 37.9 | 37.2 | 39.8 | 41.3 | 39.5 | 39.0 |
| 중위 60% | 53.9 | 54.5 | 52.8 | 51.6 | 53.0 | 53.6 |
| 최하위 20% | 8.2 | 8.3 | 7.4 | 7.1 | 7.5 | 7.4 |

자료: 1) World Bank. 1999. 『Global Economic Prospects and the Developing Countries 2000』. Washington, DC: World Bank;
2) 재정경제부. 1999. "최근 소득분배 상황과 대응방안."

<표 1-5>에서 보듯, 경제 위기 직전인 1996년 10%를 밑돌던 빈곤율은 20%에 육박했다. 소득 분배는 악화일로를 걸었다. '고성장-저실업-빈곤 감소'라는 발전 국가 시대의 신화가 무너졌다. 빈곤은 급속히 확대되고, 분배 구조는 악화되었다. 여기에 노동시장의 유연화 개혁 이후 그나마 종신 고용이라는 형태로 유지되어 왔던 고용의 안전성마저 크게 흔들렸다. 저실업-고용 안정의 기반 위에 고성장의 적하 효과(trickle-down effect)로 유지되어 왔던 한국형 복지 모형은 종언을 고했다. 이는 새로운 복지 패러다임이 요구되는 시대에 돌입했음을 의미하는 것이었다.

## 생산적 복지론과 김대중의 정치 이념적 기원

김대중 대통령은 생산적 복지(Productive Welfare)를 3대 국정 이념의 하나로 선포하면서, 김대중 정부가 자유 민주주의와 시장 경제의 토대 위에서 복지국가 건설을 지향한다는 점을 명백히 하였다. 청와대 대통령 비서실 삶의질향상기획단은 생산적 복지를 다음과 같이 정의하였다.

> 생산적 복지는 과거 경제 성장 중심의 패러다임에서 성장과 복지를 대립적인 관계로 인식하는 것에서 벗어나 성장과 복지의 두 체계가 하나의 순환 체계 속에서 운영되는, 통합적 경제 사회 정책 패러다임으로의 전환을 의미한다. .... 생산적 복지는 인권과 기본권의 실현으로부터 출발하여, '노동을 통한 복지'를 중심으로 완성된다.
>
> 고용을 통해 시장 안에서 일차적인 공정 분배가 이루어지지 않을 때 국가가 수많은 복지 인구를 지속적으로 부양하는 것은 사실상 불가능하다. [따라서] 노동권과 함께 시장의 공정 분배 기능을 강화해야 한다. 실업자를 다시 시장 안으로 끌어들이는 것, 일하는 사람들의 참여와 자기 책임하에 공정하고 생산적인 성과 배분의 기회를 보장받는 것, 그리고 취약 계층의 노동 참여 기회를 넓혀서 이를 사회적으로 가치 있는 노동으로 인정하고 보상하는 것이야말로 공공부조와 사회 보험 중심의 사회 보장 제도와 더불어 지속 가능한 사회를 담보해주는 버팀목이다. 특히 정부는 국민 참여형 복지 체제의 구축을 위하여, 복지정책 형성 과정에 국민이 참여하는 민주적 절차를 확보하도록

노력할 것이다.[6] (강조는 인용자가)

김대중 정부의 '생산적 복지론'은 크게 두 가지 특징을 가지고 있다. 첫째, 사후적인 사회 보장보다는 사전적으로 근로 활동을 통해 개인의 복지를 증진시켜 경제와 복지의 이분법을 내재적으로 극복하고자 한다는 점이다. 둘째, 정책결정 과정에서 시민 사회와 대중의 광범위한 참여를 바탕으로 하는 대중 민주주의에 기반한 복지국가를 지향한다는 점이다.

사전적인 근로 활동을 통해 개인의 복지를 증진시킨다고 하지만, 시장에서 탈락한 계층, 즉 사회적 약자에 대해서는 "국가가 적극적인 개입을 통해…(중략)… 모든 국민이 인간으로서의 존엄성을 유지할 수 있도록 기본적인 생활을 보장하여야 한다."라고 천명하고 있다. 따라서 사회 보험 제도의 확충은 물론, 취약 계층에 대한 광범위한 보호 조치를 강조하고 있다.

> 사회적 위험으로부터 안전한 삶을 영위할 수 있도록 국민 모두를 대상으로 하는 사회 보험 제도를 확충해야 한다. 나아가 노인, 장애인, 여성, 장기 실업자 등 사회 참여의 기회가 제한되어 있는 취약 계층에게는 국가의 적절한 보호와 지원이 필요하다.[7]

6 삶의질향상기획단. 1999.『새천년을 향한 생산적 복지의 길』. 서울:도서출판 퇴설당. pp.22~25, p.127.

7 삶의질향상기획단. 1999.『새천년을 향한 생산적 복지의 길』. 서울:도서출판 퇴설당. pp.35~36.

한마디로 생산적 복지는 근로 의사가 있는 국민은 근로 활동을 통해 개인의 복지를 증진시킬 수 있는 여건을 만들고, 시장에서 뒤처진 국민에게는 직업 능력을 배양해 줌과 동시에 재기의 기회를 주며, 최소한의 삶을 영위할 수 있도록 기초 보장을 제공하겠다는 것이다. 이 글의 서론에서도 언급했지만, 김대중 대통령이 후보 시절에 함축적으로 약속한 대로 "일하고 싶은 사람은 일을 할 수 있도록 직업 훈련과 취업 알선을 할 것이고, 일을 할 수 없는 사람은 철저히 국가가 보호하는 생산적 복지를 실현하도록" 하겠다는 것이다.

기초 보장과 재분배의 기초 위에 근로에 기반한 '생산적' 복지를 실행하겠다며, '생산'을 강조한 것은 전통적인 재분배와 보호 위주의 복지와는 결을 달리하는 것이 분명했다. 비교론적으로 볼 때, 생산적 복지론에서 주장하고 있는 '노동을 통한 복지'라는 개념은 보다 정확히 표현하면, '고용을 통한 복지'(workfare 혹은 welfare through work)로 영미 자유주의 국가는 물론, 유럽의 많은 복지국가에서 실천되고 있던 21세기형 근로 복지의 방향이었다.

전통적인 케인즈주의적 복지국가(the Keynesian Welfare State)에서는 실업과 은퇴 등 사회적 위험(social risks)에 대해 사후적 소득 보장으로 대처하였다. 실업에는 실업 급여로, 은퇴에는 연금 급여로, 빈자에게는 공공부조를 주로 현금으로 지급하였다. 그러나 현재 많은 복지국가는 사후적인 소득 보장에 머물지 않고, 국민들이 근로를 통해 소득을 올리고 자신의 복지를 향상시키며 자아 성취를 할 수 있도록 돕고 있다. 일가정 양립 정책을 통해 보다 많은 여성들이

육아 걱정 없이 일을 하고, 60대 이상 고령자들도 건강이 허락하는 한 근로를 지속할 수 있게 하며, 직업 역량이 부족한 장애인과 청년 그리고 장기 실업자에게는 맞춤형 고용 서비스와 직업 교육을 제공하며, 보호된 노동시장이라 할 수 있는 사회적 일자리를 제공하여 현장에서 직업 능력을 배양하도록 하는 정책을 펴고 있다.[8]

그 결과 선진 복지국가일수록 고용율이 높다. 즉 보다 많은 사람들이 일을 하고 있다. 복지국가를 통해 노동이 탈상품화(decommodification)에만 머무는 것이 아니라, 재상품화(recommodification)되고 있는 것이다. 예를 들어 복지가 가장 발전한 나라로 알려진 스웨덴의 경우, 남성은 물론 여성과 중고령자의 고용률이 세계 최고 수준이다. 따라서 2021년 전체 고용률이 스웨덴이 75.4%로, 같은 해 한국의 66.5%보다 높다. 선진 복지국가일수록 '놀고 먹는 복지'가 아니라 '일하면서 함께 나누는 복지'를 통해 성장과 복지의 조화를 추구하는 것이다. 이것이 김대중 정부의 생산적 복지론이 추구하는 복지국가의 모습이라고 할 수 있겠다.

전통적 복지국가주의자의 입장에서 보면, 생산적 복지는 친시장적이고 우파적 복지 모형이라 할 수 있다. 김대중 대통령이 우리나라 진보 정치계의 큰 지도자이고, 김대중 정부가 진보 정부의 원류로 여겨지는 상황에서 보면, 생산이 강조된 복지는 쉽게 납득되기 어렵기도 하다. 그러나 김대중 대통령은 과거 반공과 극우 보수가 이념적으

8 양재진. 2013. "대중경제론과 생산적 복지: 큰 족적을 남긴 미완의 과제" 류상영·김동노(편저). 『김대중과 대중경제론』. 연세대학교 김대중도서관.

로 지배하던 시대가 아닌 현재의 관점에서 보면, '중도 우파' 정치인이라고 볼 수 있다. 김대중 대통령은 스스로의 이념적 지향을 다음과 같이 토로한 바 있다.

> 나는 원래 중도 우파 정도의 보수주의자입니다. 공산주의를 반대하고 자유 민주주의와 자유 시장 경제를 지지한 사람인데 왜 진보적으로 보이냐 하면 사회 복지를 주장했기 때문입니다. 외국의 어느 학자가 자기는 정치적으로 보수고 경제적으로는 시장 경제 주의자이고 사회적으로는 진보라고 하는 말을 들었는데 나의 입장도 그와 유사한 것입니다. 우리나라 정치 풍토가 통일을 이야기하고 노동자 농민을 위한 말만 하면 그냥 색채를 이상하게 보는 풍조가 있습니다. [저는] 역대 정권에 의식적으로 이상하게 몰렸던 것입니다. .... 보수, 혁신, 중도로 나눌 때는 중도이긴 하지만 나 자신은 중도 우파입니다.[9] (강조는 인용자가)

복지를 민주주의와 시장 경제의 반열에 올릴 정도로 친복지주의자였지만, 김대중 대통령은 전통 좌파적 이념을 갖고 있지 않았다. 중도 우파가 아니라 좌파로 분류하더라도, 영국의 토니 블레어나 독일의 슈레더 총리와 같이 신자유주의를 수용한 '제3의 길'론자라고 칭할 수 있겠다. 게다가 김대중 대통령은 "서생적 문제 의식에 상인적 현실 감각"을 갖춘 정치인이었다. 생산적 복지론은 그의 정치 철학의 사회 복지적 발현이라 할 수 있다.

---

9 김대중, 「월간조선과의 인터뷰」(1994.12.09.), 연세대학교 김대중도서관 편, 『김대중 전집 II 제17권』, 연세대학교 대학출판문화원, 2019, p.641.

## 생산적 복지의 실천

1999년 1월 1일 신년사에서 생산적 복지의 필요성을 강조한 김대중 대통령은 그해 8월 15일 광복절 경축사를 통해 생산적 복지정책의 목표 및 과제 등에 대해서 상세하게 밝히면서 정책추진을 본격화했다.

> 중산층 육성과 서민 생활 향상을 목표로, 인간 개발 중심의 생산적 복지정책을 적극 펴 나가겠습니다. 국민기초생활보장법이 국회를 통과했습니다. 이제 최저생계비 이하의 모든 어려운 국민에게 생계, 교육, 의료 등 기본 생활을 제도적으로 보장할 수 있게 되었습니다. 의료 보험·고용보험·국민연금·산재 보험 등 4대 보험 제도를 내실화하여 국민들이 평생 동안 안심하고 생활해 나갈 수 있도록 하는 사회 보장 제도를 확립하겠습니다.[10]

복지 앞에 '생산적'이라는, 정치적으로 시장 지향적이고 보수적인 수식어가 달려 있었으나, 그 역대 어느 정부도 복지를 최고의 국정 이념으로 내세운 적이 없었던 만큼, 생산적 복지론은 김대중 정부의 상징이 되었다. IMF 경제 위기를 극복하기 위해 단행된 구조 조정 정책이 '신자유주의적'이라고 당시 진보 진영으로부터 비판을 받는

10 김대중. 1999. "제 54주년 광복절 경축사: 희망과 번영의 새 천년을 열어나갑시다." https://www.korea.kr/briefing/policyBriefingView.do?newsId=148750360 (검색일 2023. 7. 30.)

상황에서, 복지 분야야말로 김대중 정부를 진보 정부로 여기게 만드는 유일한 실천 영역이기도 했다.

김대중 정부는 우리나라 사회 보장 제도의 확대, 발전에 있어 분기점을 마련하였다. 몇 가지 중요한 변화를 살펴보면 다음과 같다.[11]

첫째, 4대 사회 보험의 적용 대상을 급속히 확대하고 급여 수준을 인상하였다. 1999년 3월, 도시 지역 자영자 900만 명에게 국민연금이 확대되었다. 1998년 1월, 10인 이상 사업장으로 확대된 고용 보험이 1998년 10월부터 1인 이상 전 사업장으로 확대되었다. 산재 보험도 2000년 7월부터 1인 이상 사업장으로 보험 적용이 보편화되었다. 이미 전체 국민에게 제공되었던 건강 보험은 급여 혜택을 받을 수 있는 요양 기간이 연간 270일에서 1998년에는 300일로 늘었다. 그리고 1999년에는 330일로 늘어나고, 2002년에는 요양 기간 제한을 없애서 지금처럼 365일 급여 혜택을 받을 수 있게 하였다.

국민연금은 11년 만에 전 국민에게 확대되었고, 고용 보험도 도입된 지 4년 만에 전체 임금 근로자에게 적용된 것이다. 유럽 복지국가의 경우 임금 근로자를 대상으로 시작된 공적 연금과 의료 보험이 전 자영자와 농민 등 전체 국민에게 적용되는 데 최소 40년에서 50년이 걸렸다. 이를 감안하면, 김대중 정부하에서의 사회 보험의 확대 속도는 세계적으로 유례가 드문 "압축 성장"이었다고 할 수 있다.[12]

---

11 양재진. 2001. "구조조정과 사회복지: 발전국가 사회복지 패러다임의 붕괴와 김대중 정부의 과제", 『한국정치학회보』 제 35집 1호. 한국정치학회.

12 김연명. 2000. "변혁기 한국 사회보험의 현황과 과제." 『사회복지』 (가을), 7-21. p.8.

둘째, 145개 직장과 227개 지역 조합으로 나뉘어 있던 의료 보험을 하나의 단일 사회 보험으로 통합하여 보편주의 복지의 시작을 알렸다. 직장과 지역 의료 보험을 통합하는 의료 보험 일원화는 사실 당시, 의료 보장의 분권화와 민영화를 시도하던 국제적인 흐름에 반하는 방향의 개혁이었다. 국민연금의 경우도 자영자와 임금 근로자 구분없이 단일한 공적 연금 제도로 포괄하였다. 1997년 금융 위기에서 구조 조정 차관을 주며 세계은행(World Bank) 등이 요구했던 국민연금의 민영화나 의료 저축 계정의 도입 등, 개인 계정 중심의 사회 정책보다는 전 국민에게 보편적으로 적용되는 사회 보장 제도를 만들었다. 사각지대 발생이 불가피한 사회 보험의 한계는 있었지만, 적어도 외형적으로는 국민 연대성을 강조하는 보편주의를 실천한 것이다.

셋째, 국민 기초 생활보장 제도의 시행으로 공공부조의 획기적인 개선을 이루었다. 과거 생활보호법은 아무리 빈곤해도 근로 가능대 인구, 즉 18세 이상에서 65세 미만 국민은 장애인이 아닌 이상 국가 보호의 대상이 될 수 없었다. 그러나 국민 기초 생활보장 제도의 도입으로 근로 능력이 있어도 자활 사업에 참여하는 조건으로 대폭 인상된 자활급여를 받을 수 있게 되었다. 최저생계비 이하의 모든 가구는 연령과 근로 능력 유무에 관계없이 의·식·주·의료·교육 등의 기초 생활을 보장받게 된 것이다. 이는 늦었지만 한국에 근대적 의미의 공공부조 제도가 확립되었음을 의미한다. 사회권에 기반한 국민 기초 생활보장제의 시행으로 수급자가 종전의 50여 만 명에서 2000

년 시행과 더불어 150여 만 명으로 대폭 확대되었다.

넷째, 김대중 정부는 처음으로 그동안 국가 정책결정 과정에서 배제되었던 시민 단체와 노동계를 적극적으로 노동과 복지정책결정 과정에 참여시켰다. 무엇보다 중요한 변화는 노사정위원회를 통해 시민 사회와 노동계의 요구를 큰 틀에서 수용하였다는 점이다. 제1기와 2기 노사정위원회에서 합의된 사회 정책에 관련된 내용은 다양한 실업 대책과 고용 보험의 확대와 내실화 그리고 의료 보험의 보장성 확대 같은 사회 안전망 강화가 담겨 있었다. 이후 시민 단체와 민주노총을 포함한 노동계는 각종 정부 위원회의 참여를 통해 복지정책결정 과정에서 전보다 원활하게 이익 투입을 할 수 있게 되었다.

노사정위원회나 정부위원회 참여가 아니더라도 과거에 볼 수 없었던 친복지 사회 정책망이 형성되어 복지 개혁에 큰 역할을 하기도 했다. 김대중 대통령의 당선과 함께 소위 민주화 세력, 즉 집권당과 참여연대, 여러 NGO와 민주노총 사이에서 느슨하나마 친복지 사회 정책망이 출현하였다. 생산적 복지라는 친복지 이념과 복지 확장적 개혁을 통해 친복지 지지 연합이 형성되었고, 이는 정권의 지지 기반이 되었다. 말하자면 신자유주의적인 경제 개혁으로 와해될 수도 있었던 지지 기반을 붙잡아 두는 성과를 낸 것이다. 친복지 사회 정책망이 만들어 낸 대표적인 성과로 참여연대 등 시민 단체가 입법안 마련은 물론, 이후 시행세칙 마련에까지 참여했던 국민 기초 생활보장 제도를 들 수 있다. 국민연금의 도시 지역 확장, 의료 보험 통합, 의약 분업의 아젠다 설정과 실행에 있어서도 친복지 사회 정책망은 큰 기여를 하였다.

## 생산적 복지의 회고와 평가

김대중 정부의 생산적 복지라는 국정 이념이 체계적으로 프로그램 수준에서 개혁의 방향과 제도 설계에 반영된 것은 아니었다. 생산적 복지 이념이 국민 앞에 공식화된 것은 집권 1년이 지난 1999년 8.15 경축사를 통해서였다. 1998년 집권하자마자 경제 위기와 함께 실업 대책으로서 복지 현안들이 쇄도하였고, 의료 보험 통합처럼 민주화 과제로 민주화 정치 세력이 계속해서 사회적 이슈로 만들어 내는 개혁 과제들이 쌓여 있었다. 생산적 복지론을 체계화하면서 동시에 현안 해결에 집중할 수 밖에 없었다.

그러나 이 과정이 동떨어지게 따로 돌아간 것만은 아니었다. 당시 청와대 복지노동수석이었던 김유배 교수의 회고에 의하면, "김대중 대통령 시기 복지 개혁은 일종의 현안 해결에 집중하였고, 그 안에 장기적 포석을 두는 방식으로" 생산적 복지의 이념을 구현해 갔다. "예를 들어, 국민기초생활보장법의 자활 사업에 빈곤층에게 자립 자활을 시켜 주는 목표를 두는 식"으로 말이다. 그리고 "각 정당마다 연금이나 의료 보험 등에 대한 다양한 개혁안을 가지고 있었고, 복지부 또한 나름의 안을 마련"하고 있었는데, "흩어져 있던 다양한 의견들을 조정, 조율하고 정당에서 충분하게 논의하지 못한 내용과 행정부 집행의 한계 등 체계화를 못한 부분들을 망라하여 사회 보험을 이념적으로 새로이 체계화"하며 현안을 정리해 나갔다.[13]

---

13 「김유배 구술사 인터뷰」, 2023년 6월 23일, 연세대학교 김대중도서관.

이 시기 복지 개혁을 두고, 보편주의에 기반한 국가 책임의 확대[14]라는 적극적인 해석에서부터 신자유주의적 복지 개혁에 불과하다는 주장[15]까지 평가의 스팩트럼은 다양하다. 그러나 이 시기에 현재 우리가 갖고 있는 사회 보장의 기틀(4대 사회 보험 + 국민 기초 생활보장 제도)이 마련되었다는 점에 대해서는 아무도 이견을 달지 못한다.[16] 그러나 이 사회 보장의 기본 틀 위에서 생산적 복지의 이념이 현실화되었고 기대한 성과를 내었는지의 여부를 평가한다면, 아주 높은 점수를 주기는 어렵다. 김대중 정부의 생산적 복지 이상은 단기간에 성취될 수 없는 일이기 때문이다. 5년의 집권 기간 동안 생산적 복지의 완성을 기대할 수는 없다.

사회 보험 체제에서 발생할 수 밖에 없는 사각지대, 특히 비공식 부문 근로자의 사회 보험 적용을 위해서는 행정력 강화와 보험료 지원 같은 재정 투입이 필수적이다. 적극적 노동시장 정책 같은 직업 능력을 배양해 주는 프로그램은 교육·훈련 전달체계가 잘 갖추어져 있어야 하며, 훈련 기간 중 탄탄한 소득 보장이 결부되어야 한다. 하루아침에 성과를 볼 수 있는 일이 아니다. 그것은 후임 정부의 몫이다. 조금씩 전진하고 있으나, 아직도 사각지대 문제나 전달 체계의

14 김연명. 2001. "김대중 정부의 사회복지정책: 신자유주의를 넘어서." 「한국사회복지학회 춘계 학술대회 발표논문」. 4월.

15 조영훈. 2000. "생산적 복지론과 한국 복지국가의 미래." 『경제와 사회』 45호, 90-113; 조영훈. 2001. "유교주의, 보수주의, 혹은 자유주의? 한국의 복지유형 검토." 『한국사회학』 35집 6호, pp.169-191.

16 양재진. 2008. "한국복지정책 60년: 발전주의 복지체제의 형성과 전환의 필요성" 『한국행정학보』 42권 2호, pp.327-349.

미비 그리고 낮은 급여의 문제는 풀리지 않고 있다.

게다가 생산적 복지의 이상이 실현될 수 있는 환경적 요인들 또한 개선되고 있지 못하다. 무엇보다 경직된 정규직 내부 노동시장이 보다 개방적이고 유연화되어야 사회적 이동성이 높아질텐데, 그러하지 못하다. 전과 달리 영세 사업장의 사회 보험 가입을 유인하는 두루누리사업이 재정 사업으로 시행되는데, 이것만으로는 사각지대 문제를 풀 수 없다. 근로 감독을 강화해 보험료 징수에 나서야 하며, 사회 보험료 징수를 국세청으로 이관해 징수 행정을 강화할 필요가 있다. 마지막으로 유명무실해진 노사정위원회(현 경제사회노동위원회)의 사회적 타협의 전통을 복원해, 사회 보장 강화를 위해 노사정이 지속적인 합의를 만들어 내는 전통을 재확립할 필요도 있다.

앞서 지적했듯이, 생산적 복지는 서구 복지국가에서도 복지 개혁의 방향으로 삼고 있는 정책 기조이다. 이에 노무현 정부에서 사회적 투자 정책으로 Vision 2030에 담기기도 하였다. 아울러 이명박 정부의 능동적 복지나, 문재인 정부의 포용적 복지 이상에 일부분 담긴 것이기도 하다. 이처럼 생산적 복지는 복지 포퓰리즘과는 거리가 먼, 한국 복지국가가 경제와 선순환 구조를 그리며 발전할 수 있는 토대라 할 수 있다. 또한 저출산 고령화 사회에서 지속 가능한 복지국가 건설을 이루는 데 기여하는 복지 이념이기도 하다. 김대중 대통령의 생산적 복지 이념은 좌우를 떠나서 후임 정부가 이어받아 발전시켜야 할 복지 철학이라 할 것이다.

# 제2장

# 김대중 정부 노동 정책의 대전환: 성과와 한계

이장원

김대중 노동정책의 성공 요인

IMF 경제 위기 전후 노동 개혁

김대중 노동 개혁의 출발점인 노사정위원회

김대중 정부 노동시장 정책의 성과

김대중 정부 노사 관계 정책의 성과

김대중 정부 노동 정책 성공 요인들의 종합적 평가

# 제2장
# 김대중 정부 노동 정책의 대전환: 성과와 한계

이장원(한국노동연구원 선임연구위원)

## 김대중 노동정책의 성공 요인

한국의 노동시장 및 노사 관계 변화와 이에 조응한 노동 정책의 변화 과정에서 김대중 정부는 매우 중요한 분기점이자, 뚜렷한 성과와 아울러 유산을 남긴 정부라고 할 수 있다. 김대중 정부 노동 정책의 가장 큰 업적은 IMF 경제 위기에 직면하여 1998년 2월 6일 노사정 대타협을 이끌어 낸 것으로 정리될 수 있다. 당시에 만들어진 노사정위원회는 이후 경제사회발전노사정위원회, 경제사회노동위원회로 이름과 기능이 조금씩 변하기는 했지만 노사정 간 사회적 대화 기구의 초석을 이룬 것으로 평가된다. 아울러 김대중 정부 시기의 사회적 대화가 매우 성공적이었던 반면, 이후에는 그다지 성공적인 사회적 대화가 이루어지지 못했던 것으로 평가되면서 김대중 정부 시기 사회적 대타협의 성공 요건이 무엇인지 집중적으로 논의되고 있다.

김대중 정부의 노동 개혁이 중요했던 이유는, 무엇보다도 IMF 당국이 한국의 경제 위기 극복을 위해서는 노동시장 구조 개혁이 필요하며, 따라서 노동시장 유연화 정책과 사회 안전망 강화가 필수적이라는 요청을 해 왔기 때문이다. 하지만 이는 단지 외부 환경적 요인이고, 협상의 균형을 이룬 적극적 내부 요인도 간과해선 안 된다. 즉 노사정 대타협안에 노동 기본권 신장을 위한 조치와 방안들이 같이 포함되었던 것을 보면 IMF 당국의 요청만으로 설명할 수 없는, 다른 이유를 찾아야 한다. 이는 결국 산업화의 빠른 진전 속에서 유보되거나 뒤처져 있던 노동 분야에서의 민주화 과제들이 균형 있게 함께 개선되어야 세계화의 파고를 슬기롭게 넘을 통합적 개혁이 될 수 있다는 정치적 판단이 작용한 것으로 볼 수 있다.

김대중 정부는 산업화, 민주화, 세계화라는 거대한 역사적 흐름들이 맞물리고 파열을 빚는 국면 속에서 합리적이고 균형 잡힌 노동 정책을 전개한 역사적 배경을 가지고 있다고 평가할 수 있다. 1990년대 후반기 우리에게 나타난 경제 위기는 단지 외환 위기를 넘어서 기존 경제 사회 시스템의 한계와 더불어 새로운 경제 사회 환경에 적응하기 어려운 복합 위기의 성격을 가졌다. 산업화의 부작용, 민주화의 여망, 세계화의 도전이라는 거대한 흐름들(Mega Trends)은 각각의 특성들이 상호 정합적이거나 보완적이지 않고 오히려 상충되거나 갈등을 유발하는 관계에 놓여 있었다. 노동 분야에서도 노동시장 유연화와 노동 기본권의 보장은 정면으로 충돌될 수 있는 명령들로 볼 수 있다.

이런 긴장과 갈등 국면에서 노사정 대타협을 이끌어 낼 수 있었던 중요한 원동력은 민주주의와 시장 경제의 병행 발전이라는 김대중 대통령의 통치 철학이라고 할 수 있다. 이는 이미 『대중 경제론』이라는 저서에서 김대중 대통령이 오래전에 보여 주었던 균형적 시각이기도 하다. 노동의 민주화와 시장 경제의 활성화가 갈등 관계에 있지 않고, 시장 경제 발전에 있어서 노동자들의 역할을 중시하고 합당한 보상을 강조하는 것이 핵심적 원리라고 할 수 있다.

이러한 김대중 정부 노동 정책의 특징을 잘 보여 주는 예가 복지와 노동 간의 관계를 이어 주는 '생산적 복지'에 기반한 노동 정책이다. 생산적 복지에서 포괄하는 정책들이 기초 생활보장 제도의 도입 등, 복지정책의 획기적인 강화가 주축을 이룬 것은 사실이다. 그러나 이에 못지않게 원리로서 중요한 점은 인간 존중의 원칙이다. 이 원칙의 핵심은 시장 경제에 참여할 수 있는 능력과 기회를 충분히 배려해서 시혜적 복지나 분배적 복지에만 의존하지 않는다는 점이다. 즉, 노동시장 참여와 이에 따른 공정한 일차적 배분이 개인적으로나 국가적으로 노동권과 시장 경제가 상호 보완될 수 있는 중요한 원칙이다.

일자리를 통한 복지, 일자리 기회를 늘리는 복지, 직무 능력 향상을 위한 교육 훈련 등이 매우 중요하고, 이렇게 복지 제도 강화와 노동시장 활성화가 조화를 이룰 때 시장과 복지의 선순환 구조가 확보되어 제도의 지속 가능성이 높아진다고 본 것이다.

김대중 정부의 노동 정책이 가지는 이런 합리적 특성은 경제 구조 개혁을 광범위하게 단행하며 경제 위기를 극복하는 가운데에서도 사회적 갈등이 폭발할 수 있는 상황을 예방하는 성과를 거두었다. 아울러 노사정 간 사회적 대화를 통한 제도 개선과 정책 협의를 해 나가는, 이른바 사회 협약의 전통을 형성할 중요한 계기를 만들어 냈다. 또한 경제 위기와 고실업을 극복하기 위해 대폭 확충된 노동시장 정책들은 이후 실업 급여를 중심으로 한 고용 보험 강화와 취업 알선을 중심으로 한 고용 서비스 확충, 그리고 직접 일자리 창출을 통한 취약 계층 지원이라는 노동 정책들의 큰 줄기를 이루게 되는 결과를 낳았다.

이러한 성과들에도 불구하고 김대중 정부의 노동 정책에 대한 비판적인 평가가 존재하는 것은 사실이다. 이런 비판은 진보와 보수 양쪽 모두에서 제기되었는데, 진보적 노동 단체나 시민 단체의 일부는 김대중 정부의 노동 정책들이 결국 IMF의 신자유주의 처방을 수용한 것이고, 그 결과 경제 위기 극복 이후 우리 노동시장의 안정성을 약화시키는 노동시장 유연화 정책들을 확산시켰다고 본다. 반면, 보수적 인사들 중 일부는 사회적 대화라는 틀을 통해 노동계의 입장에 끌려다닌 결과 제대로 노동 개혁을 이루지 못하게 되었고, 이는 노사정위원회를 만들어 낸 김대중 정부의 책임이 크다고 주장한다.

1기 노사정위원회를 통해 이전 정부부터 내려오던 세계화 국면에서 필요한 노동시장 유연화와 노동 기본권 강화라는 패키지 과제를 상당 부분 처리하고, 이것이 경제 위기 극복에 매우 중요한 역할을 한 것은 분명하다. 하지만 오늘날까지 진보 진영이나 노동 조합 운동에서 김대중 대통령의 경제 위기 극복에 대한 평가가 상대적으로 후하지 않은 이유도 결국은 노동시장 유연화 정책들이 당시에 도입된 탓으로 보인다.

이런 비판들이 부분적으로 타당한 근거나 이유를 가지고 있다고는 할 수 있지만, 김대중 정부가 추진했던 노동 개혁의 원칙이 노동시장 유연화와 노동권 신장 간에 상호 인정과 양보를 통한 타협을 추진했던 것이라는 점에서 이 중 어느 한쪽의 결과만을 가지고 비판하는 것보다는 이런 갈등 국면을 잘 넘기고 전체적으로 노동 정책의 균형점을 견지했다는 점을 평가해 주는 것이 공정하다고 본다.

김영삼 정부에서 청와대 주도의 노사 관계 개혁을 주도했던 실무자이자, 이후 김대중 정부 시기 노사정위원회 초대 수석전문위원을 역임한 최영기 전 한국노동연구원장은 2023년 필자와의 개별 인터뷰에서 이런 복잡한 상황을 소상하게 설명하면서 김대중 대통령의 노동 개혁 성과에 대해 다음과 같이 정리해 주었다.

> 정리 해고를 도입하고 구조 조정을 하면서도 이후 단기간에 실업 위기를 넘긴 성과는 분명히 김대중 대통령의 신자유주의적 처방이라고 할 수는 있지만, 주어진 대내외 환경에서 매우 정직한 방식으로 위기를 극복한 지도자라고 할 수 있다. 다만, 노동 개혁의 메뉴에서 노동시장 유연화가 본격적으로 제도에 도입되면서 동시에 우리 노사 관계를 기업별 체제에서 산별이나 초기업 단위 체제로 바꾸었어야 나중에 발생한 노동시장 이중 구조화를 예방하거나 약화시킬 수 있었는데, 그것이 부족했다.

## IMF 경제 위기 전후 노동 개혁

김대중 정부의 노동 개혁 정책은 큰 틀에서 노사정 대타협이나 노사정위원회 설치를 빼놓고 이야기하기 힘들다. 그러나 엄밀히 따지면 당시 노동 개혁 성공은 이전의 노동 개혁 정책의 실패가 디딤돌이 되기도 했고, 또 반면교사의 역할을 한 것이라고 볼 수 있다. 김영삼 정부가 정권 후반기 추진한 노동 개혁은 노사관계개혁위원회라는 기구를 통해 노동권 보장과 유연성 확대 간에 이른바 패키지 개혁을 시도한 것이었다. 이것이 IMF 위기 이후 노사정위원회를 통해 짧은 시간 안에 90개 항에 이르는 사회적 대타협을 이루게 된 디딤돌 역할을 했다고 볼 수 있다.

반면에 김영삼 정부가 노사관계개혁위원회를 통해 광범위한 의제 개발과 개혁의 사회적 공감대를 마련했음에도 불구하고, 국회에서 여당 과반 의석으로 노동법 개정을 시도한 결과 노동 개혁에 대한 사회적 지지를 잃고, 이것이 정부의 위기로 전환된 사례는 사회적 대화의 중요성을 일깨워 주는 효과를 낳았다.

김영삼 정부는 아는 바와 같이 선진국 진입을 목표로 OECD 가입을 추진했다. OECD는 결국 선진국 클럽이라고 할 수 있으므로, OECD 사업은 개혁과 개방의 국제적 요청을 받아들여 세계화 과정에 본격적으로 들어가는 것을 의미했다. OECD도 그렇고, 속칭 선진국들은 한국에 노동과 관련된 구체적인 개선안을 주문해 왔다. 핵심은 군부 통치와 독재로 지체되어 온 노사 관계 민주화와 노동시장의 유연화였다. 노동시장 유연화가 대체로 신자유주의적 처방에 의존한 주문이었다면, 노사 관계 민주화는 자유주의적 진전을 이루고자 했던 것인데, 둘 다 매우 지난한 과제였다.

당연히 노사 간에는 갈등 국면이 전개될 수밖에 없었는데, 노동자 측은 노사 관계 민주화를, 사용자 측은 노동시장 유연화를 요구했다. 정부는 결국 이런 갈등 사안들을 하나의 패키지로 묶어서 동시에 제도 개선을 하기 위해 노사관계개혁위원회를 만들어 전문가들이 모여 관련 논의를 진행시키도록 했다. 그리고 이를 바탕으로 노동법 개정을 시도했다.

국회의 여당 과반 의석을 바탕으로 추진했던 노동법 개정은 이전에 위원회에서 논의되고 양보안을 만들어 낸 균형을 깨고, 노사 관계 민주화보다는 노동시장 유연화를 강조하는 선택적 입법으로 귀결되었다. 그 결과 김영삼 정권은 노조의 반발 등으로 지지 기반이 취약해지는 상황에 처했고, 이어서 IMF 금융 위기가 찾아왔다.

1997년 말 IMF 경제 위기가 오고, 이어서 등장한 김대중 정부는 IMF의 요구 때문에라도 노동 개혁의 이슈를 피할 수 없었다. 세계화 국면에서 노사 관계의 민주화와 노동시장 유연화라는 대립 명제들을 조화롭고도 균형 잡히게 다루어야 한다는 책임은 더 분명해졌다. 노동 개혁은 이른바 4대 개혁 과제 중 하나로, IMF의 구제 금융 조건으로 요구되는 사안이었다. 이전 정부의 노사관계개혁위원회가 다룬 주제들이 좁은 의미의 노동 제도 간 교환을 통한 노사 간 균형을 맞추는 숙제를 가지고 있었다면, 노사정위원회를 만들어 추진한 노동 개혁은 노동 기본권 신장과 노동시장 유연화는 물론이고, 고용 안전망 및 사회 안전망을 확대하고 기업들도 구조 개혁하는 광범위한 의제들을 패키지로 묶어서 논의하고 합의하는 광의의 사회 협약 정치를 지향했다.

대표적으로 1998년 노사정위원회의 대타협에서는 교원 노조 허용과 실업자들의 초기업 단위 노조 가입을 합의하고, 정리 해고와 파견법 제정을 통한 노동시장 유연화도 도입했다. 총 90개 항목에 이르는 광범위한 노사정 대타협안에는 IMF가 요구하는 다양한 구조 개혁과 사회 안전망 강화 방안들이 담겨 있었는데, 이는 이른바 1998년 대타협을 이끌어 낸 1기 노사정위원회가 법적인 지위도 없이 사회적 대화를 통한 합의를 도출한 것이었다. 이후 합의 사항 이행을 보장하고, 추가적인 개혁 의제들을 논의하기 위해 2기 노사정위원회가 법적, 제도적 기반을 마련하고 마침내 정식으로 출범했다. 이후 이름이 다소 바뀌고 역할에서 부침도 있었지만, 현재까지도 유지되고 있다. 다만 1기 노사정위원회 합의 후 조직 내 갈등으로 인해 중요한 참여 세력이던 민주노총이 탈퇴하고, 사회적 대화를 거부하는 입장을 지속적으로 견지했다. 그런 이유로 사회적 대화는 늘 불완전한 구조를 벗어나기 힘든 상황에 놓였다.

한편, 본격적인 사회적 대화의 시발점이 김대중 정부였다는 점 외에 중요하게 평가해야 할 요인이 있다. 바로 노동 개혁이 생산적 복지라는 국정 이념 안에서 작동되었다는 점이다.

김대중 정부가 경제 위기를 넘기고, 어느 정도 국정의 정상 추진이 가능해지자 노동시장의 활성화, 기초 생활보장 등 사회 안전망 강화와 일자리 창출을 통한 시장과 복지의 선순환 관계 구축 등의 철학과 비전을 체계적으로 담아 내놓은 것이 생산적 복지 추진이다. 이는 민주주의와 시장 경제의 병행 발전이라는 원래의 정치 철학과 맞으면서도, 위기 이후에 약자들에 대해 사회적 보호도 강화하지만 나아가 시장 경제 안에서 공정한 기회와 보상을 얻어서 중산층으로 올라서야 지속 가능한 경제, 김대중 대통령의 표현대로 하자면 '대중 경제'가 실현될 수 있다는 지론과도 연결되는 정책이었다.

## 김대중 노동 개혁의 출발점인 노사정위원회

앞서 언급했듯이 김대중 정부의 노동 정책은 IMF 위기 대응 과정에서 시작되었다. 위기 대응 과정에서 노동 개혁은 가장 중요한 정책 의제가 되었다. 그리고 정치적 결단으로 관련 의제들을 신속하게 통합적으로 해결하기 위해 노사정위원회가 마련되었다. 당시 노사정위원회는 정치인들과 노사 간의 패키지 개혁을 위한 고통 분담 원칙에 타협하는 것이 가장 중요한 사명이었다.

김대중 대통령은 당선자 신분으로 취임 전에 먼저 재계의 고통 분담을 얻어 내고, 이를 통해 다시 노동계의 동참을 얻어 내는 전략을 사용했다. 김대중 차기 대통령과 4대 그룹 총수들은 1998년 1월 13일 재벌 개혁에 관한 기본 합의를 이루었다. 합의 내용은 기업 경영의 투명성 제고, 상호 지급 보증 해소, 재무 구조 개선, 전문화 및 중소기업과의 협력, 지배 주주 재산의 출자 등 5개 항이다. 합의안에는 구조 조정 시 지배 주주가 자기 재산을 기업에 출자하거나, 대출 보증을 한다는 내용을 수용해서 노동계의 요구를 반영했다. 당시 『동아일보』 사설에는 "노사정은 난파 직전의 배에 함께 탄 공동 운명체임을 잊어서는 안 된다."라고 주문하는 내용이 나온다[1]. 그 주문대로 노사정은 노사정위원회를 만들어 세부적인 고통 분담을 통한 경제위기 극복에 나선다.

1기 노사정위원회는 새정치국민회의 중진 의원인 한광옥 의원이 위원장을 맡고 정세균 의원(국민회의), 조성준 의원(국민회의), 이강희 의원(한나라당), 이긍규 의원(자민련) 등이 참여하고 한국노총, 민주노총, 전경련, 경총 수뇌부와 재경원 장관, 노동부 장관이 참여하는 본위원회를 구성했다. 정치인들이 노사정 대표들을 이끄는 모양새로 다분히 정치적 협상의 성격을 가졌다. 그러나 정치적 협상이 이루어졌어도, 이는 고통 분담을 통한 경제 위기 극복이라는 대명제를 실천하는 가운데 이루어졌기에 긴 시간을 필요로 하지 않았다. 그만큼 효과적인 협상이 진행되었다.

1 『동아일보』 1998년 1월 13일자 사설.

<표2-1> 1기 노사정위원회 위원 구성

| 위원회 | 위원 | | |
|---|---|---|---|
| 본위원회<br>(한광옥<br>국민회의<br>부총재) | 박인상<br>(한국노총 위원장) | 배석범<br>(민주노총 직무 대리) | 최종현(전경련 회장) |
| | 김창성(경총 회장) | 임창렬(재경원 장관) | 이기호(노동부 장관) |
| | 이긍규(자민련 의원) | 정세균(국민회의 의원) | 이강희(한나라당 의원) |
| | 조성준(국민회의 의원) | | |
| 기초위원회<br>(조성준<br>국민회의<br>의원) | 이남순<br>(한국노총 사무총장) | 유재섭<br>(금속노련 위원장) | 추원서<br>(금융노련 위원장) |
| | 이영희<br>(민주노총 부위원장) | 허영구<br>(민주노총 부위원장) | 조남홍<br>(경총 부회장) |
| | 손병두<br>(전경련 부회장) | 심갑보<br>(삼익물산 대표이사) | 김영배<br>(경총 상무이사) |
| | 이용환(전경련 이사) | 강만수(재경원 차관) | 우성(노동부 차관) |
| | 박종근<br>(한나라당노동분과위원) | 최상용<br>(자민련 정치연수원장) | 조한천<br>(국민회의 의원) |
| 전문위원회<br>(박훤구<br>한국노동<br>연구원장) | 이정식<br>(한국노총 기획조정국장) | 김종각<br>(한국노총연구위원) | 김유선<br>(민주노총 정책국장) |
| | 고영주<br>(공익노련수석부위원장) | 김영배<br>(경총 상무이사) | 김정태<br>(경총 부장) |
| | 윤종만(경총 팀장) | 최정기(전경련 팀장) | 김철주(재경원 서기관) |
| | 노민기<br>(노동부 근로기준과장) | 임무송<br>(노동부 서기관) | |

김대중 정부에서 초기 청와대 복지노동수석을 지낸 김유배 전 성균관대학교 교수를 2023년 직접 만나서 당시 상황을 인터뷰했는데, 위기 대응과 고통 분담을 관철하는 것이 당시 제일 중요한 목전의 목표였다는 사실을 확인할 수 있었다. 중요한 부분만 인용하면 다음과 같다.

> 노동 정책 관련 구조 조정은 IMF의 요구 사항이었으며, 다만 이를 추진하기 위한 노사정의 고통 분담이 중요했던 것이었어요. 노동 정책에 대한 방향성은 ILO가 권고하는 수준에 도달하기 위한 여러 가지 로드맵을 그리고 있었지만, 이에 대한 방향과 수단을 어떻게 활용할 것인가가 더 중요한 문제로 인식되고 있었어요. 특히 구조 조정에 대한 부담은 어느 정부에서나 쉽지 않고 경제 정책에 대한 권한을 제약받고 있는 상황에서 비판만 할 수 있는가에 대해서는 의구심이 있지요.…(중략)… 제일 문제가 되는 것은 고통 분담을 누가 지느냐는 것이었는데, 이 고통 분담에 대한 문제는 서로 사전에 충분한 협의가 안 된 거예요. 어려운 과정을 통해 결국 노사정위원회가 결성이 되고, 거기서 모든 논의를 통해 사회적 합의를 도출하게 되지요.[2]

김대중 정부의 사회적 대화가 성공할 수 있었던 배경은 아마도 이것이 초기에 정치적으로 타협을 이루었기 때문인 것으로 보인다. 경제 위기 국면도 그렇고, 오랫동안 노동권의 제약 속에서 지내 와 대표성이 약한 노조 입장에서는 노동 개혁 방향에 대한 동의가 쉽지 않았다고 할 수 있다. 이를 설득해서 대화와 타협의 장으로 노조를 이끌어 내고, 기업들도 같이 참여하게 한 것은 김대중 대통령의 정치적 리더십이었다. 김유배 수석도 "초기에는 노동의 힘이 약하고 사용자 힘이 강한 것으로 보여 정치적 해결과 조율의 측면에서 정치의 장이 중요하였어요."라고 인터뷰에서 강조한 바 있고, 실제 1기 노사

2 「김유배 구술사 인터뷰」, 2023년 6월 23일, 연세대학교 김대중도서관.

정위원회에서 정치적 타협 과정에 참여했던 정세균 전 총리(당시에는 의원)도 2022년 김대중도서관과의 인터뷰에서 이 점을 인정했다.

> 그런데 가장 큰 것은 그 김대중 대통령의 리더십이죠. 그 전에는 노동계가 정치권을 신뢰하거나 하지 않았거든요. 경영계를 신뢰 안 하는 건 물론이고. 그런데 노동계가 김대중 리더십을 존중하고 신뢰했기 때문에 이제 참여를 한 것이죠. 그래서 김대중 리더십이 있었기 때문에 그게 가능했다.[3]

이런 리더십으로 당시 노조는 경영상의 이유에 의한 정리 해고를 수용하고, 1998년 노사정 대타협 합의안에 서명했다. 아울러 현대자동차에서 진통 끝에 정리 해고가 단행되었다. 이후 노조 측, 특히 민주노총 측이 이에 대해 지속적으로 비판해 온 것은 사실이나, 경영계도 전반적인 구조 개혁에 동의하고 위기 극복 과정에서 고통 분담을 수용한 것은, 그리고 노조가 경영상 이유의 정리 해고제를 수용한 것은 대통령 리더십이 공정하게 작용한 것으로 인정했기 때문으로 볼 수 있다. 그러나 경영계는 다른 한편으로는 일정한 거리를 두고 노동개혁 정책을 지켜보았다. 이는 경영계가 김대중 대통령이 친노동이라는 견해를 유지했음을 의미한다. 이에 대해 정세균 총리는 당시 상황을 2022년 인터뷰에서 다음과 같이 밝히고 있다.

3 「정세균 구술사 인터뷰」, 2022년 12월 15일, 연세대학교 김대중도서관.

위기 극복에 성공한 대통령으로 평가를 하면서도 경영계에서는 "노조 편향이다."라는 의구심을 항상 가지고 있었다고 봐야죠. 경영계에서는 그리고 실제로 노사를 양쪽을 딱 놓고 보면 김대중 대통령은 노 쪽에 조금 더 편을 들었다고 봐야죠. 그러니까 경영계에서는 좀 불편한 생각을 하면서도 집권을 하고 있었고 또 위기 극복을 해야 되고 그렇기 때문에 같이 협력을 했죠.…(중략)… 외환 위기를 극복하고 뭐 여러 가지 이제 국정을 운영하는 가운데 가끔은 노 쪽 편을 들어 준 것도 있지만은 그렇지만은 비교적 합리적으로 국정을 운영했다고 봐야죠.

김대중 정부의 노동 개혁은 경제 위기를 극복하기 위한 고통 분담의 정치적 타협을 가지고 출발했지만, 노동 개혁의 이행 과정은 결국 제도화의 길을 따라갔다. 아무런 법적 지위 없이 출범했던 노사정위원회를 제도적으로 발전시키면서, 주요 노동 관련 의제들에 대해 사회적 대화가 진행되었다. 이를 좀 더 상세히 살펴보면 다음과 같다.

1998년 1월 15일 발족 당시, 노사정위원회는 대통령 당선자 자문기구의 성격을 띠었으며, IMF 경제 위기하에서 위기 관리 정치의 장으로서의 역할을 수행하였다. 노사정위원회는 1998년 3월 28일 노사정위원회 규정이 대통령령으로 제정됨으로써 제2기가 출범하였고, 1999년 5월 24일 노사정위원회법이 제정 공포됨으로써 노사정위원회가 제도적 안정성을 획득함과 아울러 제3기가 시작되었다[4].

사회적 합의 기구로서의 노사정위원회는 참여 민주주의를 실현했

4 노사정위원회, 2003, 『노사정위원회 5년 백서』.

다고 평가될 수 있을 것이다[5]. 크게 보면 개발 연대에 정부가 주도하고 형식적인 노사의 동의를 얻어 내던 국가합의주의를 노사정 간 타협과 조정이 가동되는 사회적 합의주의로 전환시킨 것이다.

<표2-2> 노사정위원회 1·2·3기별 위상

| | 1기 | 2기 | 3기 |
|---|---|---|---|
| 성격 | 정치적 합의 기구, 비상설 | 대통령 자문 기구, 상설 사회적 협의 기구 (대통령령에 설치 근거) | 대통령 자문 기구, 상설 사회적 협의 기구 (법률에 설치 근거) |
| 참여자 | 노·사·정 및 정당 | 노·사·정·공익 및 정당 | 노·사·정·공익 (민주노총 불참) |
| 활동 기간 | 1개월 ('98.1.~2.) | 1년 3개월 ('98.6.~'99.8.) | 3년 ('99. 9.~) |
| 합의 건수 | 90 | 10 | 29[1)] |

주 1) 2002.12월 말 기준
2) 박성국(2022)에서 재인용

## 김대중 정부 노동시장 정책의 성과

IMF 경제 위기 극복 과정에서 단행된 노동시장 정책을 전반적으로 평가하자면 대선 당시 김대중 대통령 후보가 제시했던 고용 안정 기조에서 전반적으로 '노동시장의 유연화'를 적극 추진하는 방향으로 선회하였다고 볼 수 있다. 대표적으로 정리 해고와 근로자 파견제가 입법되었다. 이는 당시 경제 위기 상황을 타개하기 위한 조

5 박성국, 2022, 「사회적 학습을 통한 전략적 선택: 한국 사회협약과 입법체계의 진화」, 한양대학교 박사학위 논문.

치의 불가피성을 반영하고 있다. 이에 대해 민주노총은 신자유주의적인 정책 처방으로 비정규직 노동자가 김대중 정부 집권 기간 동안 무려 10%p 이상 늘었으며, 전체 노동자의 58%가 비정규직이 되었다고 비판했다. 임금 정책에서도 부분적인 유연화가 추진되었다. 과거의 임금 가이드라인 제도는 없어졌지만 공공 부문의 임금 가이드라인을 통해 민간 부문에 영향을 미치는 방향으로 추진되었고, 연봉제·성과급제 등 임금 체계의 유연화가 대대적으로 도입되었다. 노동부 조사에 의하면, 2001년 1월 기준으로 연봉제는 기업의 27.1%, 성과 배분제는 21.8%에서 실시하고 있는 것으로 나타났다. 이 수치는 1996년에 연봉제가 1.6%, 성과 배분제가 5.7%의 기업에서만 도입되었던 것과 비교하면 질적으로 커다랗게 확대되었다고 평가할 수 있다[6].

**<표2-3> 연도별 임금 노동자의 종사상 지위별 비중** (단위 : 천 명, %)

| 구분 | | 1995 | 1996 | 1997 | 1998 | 1999 | 2000 | 2001 |
|---|---|---|---|---|---|---|---|---|
| 노동자 수 | 임금 노동자 | 12,783 | 13,065 | 13,225 | 12,192 | 12,523 | 13,141 | 13,339 |
| | 상용직 | 7,429 | 7,401 | 7,151 | 6,457 | 6,050 | 6,252 | 6,500 |
| | 임시 일용직 | 7,429 | 7,401 | 7,151 | 6,457 | 6,050 | 6,252 | 6,500 |
| | 임시직 | 3,545 | 3,860 | 4,182 | 3,999 | 4,183 | 4,511 | 4,601 |
| | 일용직 | 1,809 | 1,804 | 1,892 | 1,736 | 2,290 | 2,378 | 2,238 |
| 비중 (임금 노동자 =100) | 상용직 | 58.1 | 56.6 | 54.1 | 53 | 48.3 | 47.6 | 48.7 |
| | 임시 일용직 | 41.9 | 43.4 | 45.9 | 47 | 51.7 | 52.4 | 51.3 |
| | 임시직 | 27.7 | 29.5 | 31.6 | 32.8 | 33.4 | 34.3 | 34.5 |
| | 일용직 | 14.2 | 13.8 | 14.3 | 14.2 | 18.3 | 18.1 | 16.8 |

자료: 통계청, 경제활동인구연보, 각년도

6 노동부, 2001, 「연봉제·성과배분제 실태조사 결과」.

IMF 경제 위기 이후 5년 동안 노동자 실질 임금도 줄어들었다. 이는 당시의 엄청난 실업 위기를 극복하기 위해 일자리 창출 및 유지가 중요하고, 임금 인상 여력이 부족했기 때문으로 볼 수 있다. 1300만 전체 노동자의 명목상 1인당 임금 총액(피용자 보수 총액)은 1997년 135만 원에서 2001년 153만 원으로, 5년 동안 13.2%p 상승했으나, 물가 상승분을 고려하면 실질 임금은 1997년을 100으로 했을 때, 2001년 98.1로 오히려 1.9%p 줄어들었다. 같은 시기 생산성이 45.4%p 늘어난 것과 비교하면, 노동자들의 상대적 임금이 매우 크게 줄어들었음을 알 수 있다.

아울러 경제 회생 단계에서 임금 수준이 기업 규모별과 고용 형태별로 격차가 벌어지는 이중 구조화도 나타났다. 10인 이상 상용직 노동자의 임금은 그나마 조금 회복되고 있다. 10인 이상 상용직 노동자의 실질 임금 지수는 1997년을 100으로 했을 때 2001년 108.1로 IMF 경제 위기 5년 동안 8.1%p 정도 상승했다. 그러나 10인 미만 영세 사업장 노동자 및 임시·일용직 노동자의 명목 임금은 1997년 128만 원에서 2001년 135만 원으로 5.8%p 정도 상승했으나, 물가 상승분을 고려하면 이들의 실질임금은 1997년을 100으로 했을 때, 2001년 91.6으로 8.4%p나 하락했다.

<표2-4> IMF 경제 위기 이후 5년 동안 임금 추이 (단위: 원, %)

| 구분 | | 1997 | 1998 | 1999 | 2000 | 2001 |
|---|---|---|---|---|---|---|
| 전체 노동자 | 임금 총액 | 1,351,770 | 1,378,093 | 1,404,038 | 1,459,643 | 1,529,975 |
| | 상승률 | | 1.9 | 1.9 | 4.0 | 4.8 |
| | 임금 지수 | 100.0 | 101.9 | 103.9 | 108.0 | 113.2 |
| | 실질 임금 지수 | 100.0 | 94.8 | 95.8 | 97.4 | 98.1 |
| | 생산성 지수 | 100.0 | 111.8 | 129.6 | 140.3 | 145.4 |
| 10인 이상 노동자 | 임금 총액 | 1,463,300 | 1,426,797 | 1,599,210 | 1,727,339 | 1,824,826 |
| | 상승률 | | -2.5 | 12.1 | 8.0 | 5.6 |
| | 임금 지수 | 100.0 | 97.5 | 109.3 | 118.0 | 124.7 |
| | 실질 임금 지수 | 100.0 | 90.7 | 100.8 | 106.5 | 108.1 |
| | 생산성 지수 | 100.0 | 111.6 | 130.2 | 142.9 | 148.8 |
| 10인 미만 비정규 노동자 | 임금 총액 | 1,279,639 | 1,346,430 | 1,274,507 | 1,296,030 | 1,353,251 |
| | 상승률 | | 5.2 | -5.3 | 1.7 | 4.4 |
| | 임금 지수 | 100.0 | 105.2 | 99.6 | 101.3 | 105.8 |
| | 실질 임금 지수 | 100.0 | 97.8 | 91.9 | 91.4 | 91.6 |

주: 전체 노동자 임금 총액은 '피용자 보수 총액÷임금 노동자 수'로 계산
자료: 한국은행, 『국민계정』, 각년도
통계청, 『경제활동인구연보』, 각년도
노동부, 「매월노동통계조사보고서」, 각호
한국생산성본부, 『생산성리뷰』, 각호

노동시장에서 나타난 김대중 대통령 집권 기간 동안의 이런 좋지 않은 성과 수치만 보면 정책 처방이 잘못된 것이 아니었는지 비판할 수도 있다. 하지만 김대중 정부는 엄청난 실업 대란 위기를 극복했고, 그것은 최대의 노동시장 정책 성과라는 점을 간과해서는 안 된다. 김대중 정부는 출범 초기 스스로 실업 내각이라고 말할 정도로 실업 정책에 전념했고, 이는 위기 극복 이후 정부의 고용 정책의 중요 골간으로 발전되는 데 중요한 역할을 했다. 김대중 정부 출범 이후 4년 동안 실업 대책에 투입한 예산은 약 16조 원에 이른다.

이런 노력은 바로 성과로 나타났다. IMF 경제 위기 이전에는 실업률이 2%로 낮은 수준이었으나, IMF 경제 위기에 따른 경기의 급락과 공공, 금융, 기업 부문 구조 조정 등으로 인해 실업률은 급증하기 시작하였다. 실업자 수는 1997년 10월의 45만 1천 명(2.1%)에서 계속 급증하여 1999년 2월에는 178만 1천 명(8.6%)로 133만 명이나 늘어났다. 그러다 실업 대책 및 구조 개혁의 성과로 실업률은 1999년 3월 이후 급속하게 하락하기 시작하여 2001년 4월에는 3.8%까지 떨어졌으며, 실업자 수도 84만 8천 명으로 IMF 직후 대비 크게 감소하였다.

직업 훈련, 공공 근로 사업, 일자리 창출 사업 등 적극적인 노동시장 정책들이 총동원되었고, 확연히 떨어진 실업률은 그런 정책들이 상당한 효과를 거두었다는 점을 반증한다. 보다 좁은 의미에서 생산적 복지안 중 가장 대표적인 노동 정책은 취약 계층 취업 연계형의 적극적 노동시장 정책이라고 평가하기도 한다[7]. 이는 후에 생산적 복지가 영미식 근로 연계 복지(workfare)로 오해받는 상황과도 연결된다. 여하튼 적극적 노동시장 정책은 실업 극복에서 대단히 중요한 역할을 한 것이 분명하다.

복지 전달 체계가 미흡했던 당시 직업 훈련이나 공공 근로 참가는 가장 빠르고 효율적이며, 공정한 취업 계층 지원 프로그램으로 작동하기도 했다. 물론 이런 성과 뒤에는 한계 내지 문제점들도 존재한

7 황덕순 편, 2000, 『생산적 복지를 위한 노동정책 연구』, 한국노동연구원.

다. 이들 적극적 노동시장 정책은 실업 대란을 해결하기 위한 단기적인 성격이 강하여 실업률을 낮추는 데에는 성공했으나, 이후 중장기적인 노동시장 정책으로 체계적인 발전이 이루어지지 못했다는 평가도 가능하다. 즉 이후 여러 정부를 거치면서도 직업 훈련의 취업 연계성 제고나 일자리 사업들의 지속 가능성 제고가 이루어지지 못했다. 그러나 이와 관련해서는 후속 정부들이 제대로 개선하지 못했다는 비판이 보다 공정한 평가일 것이다. 당시 김대중 정부가 당장의 실업 대란을 막는 것 이상의 체계적인 고용 정책 추진을 하지 못했다는 것은 큰 성과 뒤의 부분적 한계로 보아야 할 것이다.

## 김대중 정부 노사 관계 정책의 성과

엄청난 실업 위기와, 이와 연관된 기업들의 도산 및 구조 조정은 노사 관계에도 부정적 영향을 미쳤다. 당연히 산업 현장 곳곳에서 고용 안정과 임금 저하 방지를 위한 투쟁들이 많아질 수밖에 없었고, 이는 사회적 대타협을 통해 노사정이 합의한 기본적 원칙이 있었다 하더라도 개별 현장과 노동자들 입장에서는 갈등을 스스로 자제하기 어려운 상황을 초래했다. 1998년부터 급격하게 늘어난 노동 쟁의는 김대중 정부 기간 동안 지속적으로 증가했다.

<표2-5> 노동 쟁의 현황

| 연도 | 발생 건수 (건수) | 참가자 수 (명) | 손실 일수 ①(일) | 원인 | | | | |
|---|---|---|---|---|---|---|---|---|
| | | | | 체불 임금 | 임금 인상 | 해고 | 단체 협약 | 기타 |
| 1996 | 85 | 79,495 | 892,987 | 1 | 19 | | 62 | 3 |
| 1997 | 78 | 43,991 | 444,720 | 3 | 18 | | 51 | 6 |
| 1998 | 129 | 146,065 | 1,452,096 | 23 | 28 | 3 | 57 | 10 |
| 1999 | 198 | 92,026 | 1,366,281 | 22 | 40 | | 89 | 47 |
| 2000 | 250 | 177,969 | 1,893,563 | 7 | 47 | 2 | 167 | 27 |
| 2001 | 235 | 88,548 | 1,083,079 | 6 | 59 | | 149 | 21 |
| 2002. 9 | 264 | 86,089 | 1,380,973 | | | | | |

자료: 한국노동연구원, 매월노동동향(2002.11.)

갈등의 양상에서도 전통적인 쟁의 발생 원인인 임금, 단체 협약 관련 투쟁이 늘어나기도 하였지만 체불 임금, 기타 원인에 의한 쟁의 발생도 늘어났다. 이는 IMF 위기에 의한 기업의 휴폐업과 도산에 따른 체불 임금, 구조 조정에 의한 정리 해고 반대와 고용 보장 요구가 많았기 때문이다.

반면에 노동 기본권 보장 측면은 원래 김대중 대통령이 가졌던 소신과 더불어 노사정위원회 합의에 의해 크게 신장되었다. 교원 노조 설립, 민주노총의 합법화, 노조의 정치 활동 보장, 전임자 임금 지급 금지 조항의 5년 유예 등이 이루어졌다. 그러나 1기 노사정위원회에서 합의한 공무원의 단결권과 실업자들의 단결권 보장은 바로 법 개정으로 이어지지 않았다. 기존 제도와 관행 및 노사 관계의 급격한 변화로 나타날 새로운 갈등에 대한 우려가 컸기 때문이다. 2002년부터 보장하기로 하였던 사업장 단위 복수 노조 허용은 2006년까지로 유예되었다. 이전 군사 정권 시절 도입된 기업별 노사 관계 제도가 가지는 문제들을 해소하기 위해 산업별 단체 교섭에 대한 요구가 높아졌으나 이에 대한 적절한 제도적 장치가 마련되지도 못했다. 또한 정부가 주요하게 내세웠던 신노사 문화 정책은 참여·협력의 신노사 문화를 전개하겠다는 의지와 달리 노사 대립을 회피하는 데 치중해서 노사 관계를 혁신할 성과 있는 내용이 되지 못했다[8].

대선 당시 한국노총과 정책 연대를 맺었고 친노동적이라고 평가받았던 김대중 대통령이지만, 집권 기간 동안 노동자들은 노동 기본권에서 일정한 숙원 사안들을 해결하는 성과를 얻었지만, 경제 위기 현실에서 오는 산업 현장의 갈등에 불가피하게 노출되는 상황을 겪었다. 사회적 대타협에서 합의된 노동 기본권 관련 노동법 개정 사안 중 일부도 여소야대라는 정치적 현실에서 쉽게 입법화되지 못하고 부분적으로 유예될 수밖에 없었다.

## 김대중 정부 노동 정책 성공 요인들의 종합적 평가

김대중 정부의 노동 개혁 정책은 개별적인 수준에서 다양한 업적들을 열거할 수 있다. 오랫동안 김대중 대통령 재평가 연구에 이바지해 온 장신기 박사는 다음과 같이 정리하고 있다.

8 민주노총, 2000,「김대중정부 5년 평가」정책보고서.

1998년 2월 노사정 대타협은 노동 조합의 정치적 자유 확대와 사회보장 및 경제 정책에 관한 광범위한 합의가 있었고, 아울러 2000년에는 최저임금법을 개정하여 전 사업장에 적용했으며 2001년에는 근로자복지기본법이 제정되어 이듬해 시행되었다. 아울러 모성 보호 비용의 사회적 분담 근거를 담은 남녀고용평등법 및 고용보험법 개정도 2001년에 이루어졌다[9].

이런 다양한 업적과 성과도 중요하지만 제일 중요한 것은 생산적 복지 안에서 노동과 복지 간의 보완 관계를 설정하고, 분배론의 새로운 지평을 열었다는 점을 높게 평가할 수 있다. 김대중 정부에서 당시 생산적 복지의 이론과 정책 개발을 담당했던 청와대 '삶의질 향상 기획단'이 발간한 『새천년을 향한 생산적 복지의 길』에서도 이를 강조하고 있다[10].

노동을 통한 복지는 국가의 재분배 정책에만 의존해 온 기존 복지의 한계를 극복하고 시장과 복지의 상호 보완적 관계를 지향하는 생산적 복지의 이념적, 철학적 기초가 된다.(23쪽)

시장으로부터 노동의 보호에 주력해 온 전통적 복지 개념으로는 세계화의 도전에 대응하기 어렵다. 인적 자원의 고급화를 통한 일할 기회의 확대와 기업이 필요로 하는 노동력을 공급해서 투자를 확대시키는 것이 중요하다.(25~26쪽)

9 장신기, 2021, 『성공한 대통령 김대중과 현대사』, 시대의창.

10 대통령비서실 삶의질 향상기획단, 1999, 『새천년을 향한 생산적 복지의 길』, 퇴설당.

한편 생산적 복지안에서 노동시장 내의 공정한 분배를 강화할 장치가 부족해서 이후 노동시장 양극화를 해소하는 데 역부족이었다는 점은 한계라고 판단될 수 있다. 보편적인 사회 보험의 확장은 그 자체로 의미가 있었지만, 내적으로는 불안정성을 가지고 있었다. 노동시장은 이중 노동시장의 형태를 가지고 있었고, 이동이 자유롭지 못한 상태에서 보편적인 사회 보험의 효과는 일부 재분배적 보호의 효과는 있지만 비정규직이나 영세 기업 노동자들에게는 노동시장에서 얻는 부족한 보상과 고용 위기를 보완할 정도로 사회 보험이 보편적 혜택을 주지 못했다[11]. 이들의 사회 보험 가입률이 현저히 낮은 것이 원인인데, 이는 정보가 없어서라기보다는 보험료를 낼 여력이나 동기가 노사 모두에게 부족했기 때문이었다. 보통 노동 운동이 보편적인 복지를 추동한다는 역사적 경험에 비추어 보면, 우리나라의 취약한 노동 운동 리더십으로는 보편적인 복지를 추동할 능력이 부족해서 기존 노동시장 구조를 인정하는 사회 보험 제도로 동조해서 갈 수밖에 없었다고도 할 수 있다.

김대중 정부 후기로 갈수록 기초 생활보장 등 복지 제도의 강화가 이루어지는 가운데에서도 이른바 일차 노동시장에서의 대폭적인 임금 인상도 동시에 나타났다. 결국 노동시장 이중 구조 개선이 이루어지지 않은 상태에서 일차 노동시장 노동자들은 고임금으로 생활보장을 얻고, 취약 계층은 기초 생활보장이나 유사한 공적 부조로 생활

11 이장원·문진영, 2008,『복지체제와 노동체제의 정합성』, 한국노동연구원.

보호를 받는 이중적 사회적 보호 제도가 나타났다. 많은 중소기업 노동자들이나 비정규직들이 시장 안에서 상대적 임금 저하를 겪는 상황을 선제적으로 예방하거나, 차후 시정할 적극적인 정책 기조가 생산적 복지 안에서 부족했다고 본다.

결국 국민들의 일하는 기회 확충은 강화했지만 노노 간, 원하청 간 격차를 줄이고 차별을 해소할 기제가 부족해서 전반적으로 노동시장과 노사 관계에서 기업별 체제를 공고화하는 결과를 가져왔다고 할 수 있다. 물론 IMF 경제 위기의 극복 과정에서 노동시장의 구조개혁을 더 체계적으로 진행하기 어려웠던 상황과, 당시만 해도 대기업과 중소기업 간의 임금 및 복지에서의 격차가 이후 현실로 나타난 결과만큼 심각한 수준은 아니었다는 점은 고려할 필요가 있다.

그럼에도 불구하고 노동시장에서 노사 간의 참여와 이에 따른 공정한 보상이 중요하다는 원칙은 노동의 민주화를 여는 데 중요한 방향을 제시한 것이었다. 장신기 박사의 연구에 의하면 김대중 대통령은 1971년 발표한 7대 대선 공약에서 노동 문제에 대해 "생산의 증대와 분배의 공정을 목적으로 한 노사 협의 기구 설치 조항의 삽입"을 헌법 개정 사안으로 제안한 바 있다.

아울러 김대중 대통령이 일찍이 주창하던 대중 경제론의 지향점은 소득의 사후적 재분배와 구빈에 그치는 것이 아니라 노동자가 자신의 노동력을 통해 정서적, 물질적 안정을 이루는 경제 시스템을 만드는 것이었고, 이것이 집권 후에 결국 노동권 신장을 통한 생산적 복지라는 원칙으로 이어졌다고 할 수 있다. 즉 노사의 갈등 관계와 시장과 복지 간의 대립 관계를 해소하고, 노사가 윈-윈(win-win)할 수 있는 방향을 정확히 제시했다고 할 수 있다. 이는 당시 세계사적인 흐름과도 유사한 통찰력 있는 정책 방향이기도 하거니와, 부분적으로는 선진국들의 해법을 넘어서서 미래 지향적인 노동 개혁의 방향을 제시한 것으로도 볼 수 있다.

김대중 대통령 집권 당시 선진국들은 노동 개혁의 방향을 두고 매우 근본적인 고민에 처하여 나름대로 활로를 모색하고 있었다. 영국 노동당의 블레어 수상은 이전의 대처리즘으로 대표되는 노조 약화를 통한 경제 회생이라는 우파의 전략에 동의하지 않았지만, 더 이상 노동당이 노조의 이익을 지키는 노선을 따르지 않을 것이라고 천명하고 경제 회생과 복지국가 위기 타파를 동시에 추동하기 위한 '제3의 길' 노선을 취하면서 노동력의 활성화를 중시하는 정책을 표방했다.

또한 오늘날 독일 경제의 부흥을 일군 숨은 일등 공로자로 칭송받는, 당시 독일 사민당의 슈뢰더 수상도 고실업과 복지 제도 위기를 타파하기 위한 신중도 노선을 채택하고, 사회 보호의 제한과 노동시장 유연화를 통해 일하는 독일을 추구했다. 결과적으로 노조의 이탈로 정권을 내주었지만, 이후 메르켈의 보수 정권도 슈뢰더의 노동 개혁 노선을 지지함으로써 경제가 혁신되는 성과를 낳았다.

노동력의 활성화, 일하는 기회의 확충이라는 측면에서 경제 위기를 극복하고 나아가 경제 혁신을 추구했다는 점에서, 비슷한 시기 등장했던 김대중 대통령의 생산적 복지나 노동 개혁은 이들 나라들의 정책과 매우 유사한 측면이 있었다. 선진국들은 자본주의 황금기를 지나면서 생산성도 저하되고 복지, 재원도 고갈되는 한계를 맞았다.

그래서 이를 극복하기 위해 일하는 사람들의 참여 동기를 고양시키고, 일자리를 통한 복지라는 방향으로 복지국가의 위기를 돌파하겠다는 선택을 한 것이다. 김대중 정부 당시 우리의 노동 개혁은 서구처럼 복지가 충분하지 않았고 복지의 과소 상태라는 차이점은 있었지만, 이 역시 어려운 재정 여건에서 복지로 민생을 해결하기에는 역부족이고 노동시장 활성화가 매우 중요하다고 인식한 점에서 서구의 복지 개혁과 궤를 같이하는 것으로 볼 수 있다. 즉 민생은 복지와 시장이 다 작동되어야 보장할 수 있다는 점을 공유하고 있던 것이다.

김대중 정부는 노동시장 유연화와 더불어 기초 생활보장만이 아니라, 시장 친화적인 복지로서 사회 보험의 강화가 필요하다는 점을 제시하였다. 이로써 노동 보호와 시장 활성화 간에 균형 잡힌 방식으로 상호 보완될 수 있는 길을 모색했다. 소극적인 방식보다 취업 서비스를 확대하고, 직업 훈련을 중시하는 적극적 분위기를 사회 보험의 확대 과정에서 유지해 왔다. 그런 덕분에 이후 20년에 걸친 한국 경제의 세계화 노출 과정에서 사회 보험은 노동자 보호에 뚜렷한 성과를 이루었다. 실업 급여 등에서 관대화를 경계하는 등 긴장감을 가지고 제도를 개선해 왔고, 결과적으로 해고 등 노동시장 유연화도 지나치게 과잉 활용되지 않는 결과를 낳았다.

만약, 이른바 유럽식 유연 안정성 모델을 그대로 따라서 해고를 자유롭게 하고, 실업 급여나 공적 부조 수준을 높여서 튼튼한 사회 안전망을 만들어 보호한다는 처방에 의존했다면 IMF 위기로부터 나온 일자리 위기도 극복되기 어려웠을 것이다. 아울러 완전 고용 신화로부터 헤어 나오지 못한 국민들 입장에서 해고 반대 투쟁이 엄청나게 많았을 것이고, 국가는 복지 재원을 위한 부담으로 재정 위기로부터 벗어나기 힘든 상황이 초래되었을 것이다.

물론 최근으로 올수록 노동시장 이중 구조와 플랫폼 노동의 확산으로 인해 사회 보험이 한계에 도달했다는 비판과 더불어, 보다 보편적인 복지 제도의 확대가 논의되는 것도 사실이다. 더불어 노동시장 유연성도 기업들의 경영 환경이 더 이상 안정적이지 않은 상태에서 기업들이 활로를 모색하기 위해서는 더 확대되어야 한다는 목소리가 커지고 있는 것도 사실이다. 그러나 지난 20년 동안 노사정 주체들 간 각자가 가진 불편함은 있지만, 적절한 정책 조합 속에서 IMF 경제 위기를 극복하고 지속적인 성장을 이룩한 데에는 노동 제도의 안정성 개선 기반을 만든 김대중 정부의 노동 개혁이 있었다고 평가할 수 있다.

그런 안정성은 개별 정책들이 부분적으로 가지고 있는 합리성과 적절성도 있지만, 사회적 대화를 통한 조정과 타협을 통해 개혁 과정에서 부분적 만족과 부분적 실망이 모두에게 존재하게 만든 리더십이 주효했다. 그렇다면 그러한 리더십은 어떻게 만들어졌을까? 경제 주체들 간 공정한 고통 분담 원칙 천명, 정책 이념에서 균형 잡힌 자세 견지, 온건한 개혁 노선을 따라가면 결국 모두가 이득이 되는 결과가 온다는 신뢰 조성이 김대중 대통령 노동 정책의 성공 요인이었다고 본다.

# 제3장

# 김대중 정부의 보건 의료 개혁: 건강 보험의 출범과 의약 분업의 시행

김용익

# 제3장

# 김대중 정부의 보건 의료 개혁: 건강 보험의 출범과 의약 분업의 시행

김용익(서울대학교 의과대학 명예교수)

## 들어가며

김대중 정부는 보건 의료 분야에서 정부 수립 이후 현재까지의 다른 어느 정부와도 비교하기 어려운 수준의 대규모 의료 개혁을 이루었다. 의료 보험의 통합 일원화는 그때까지 수백 개의 의료 보험 조합으로 운영되던 의료 보험의 관리 체계를 단일화하는 대개혁이었다. 조직과 재정을 통합하여 전 국민이 사회적 연대를 할 수 있는 틀을 만들고, 향후 보험 급여의 확대를 기약할 중요한 가능성을 열었다. 의약 분업은 '의사는 진단을, 약사는 조제를'이라는 기본적인 질서도 잡혀 있지 못한 상황에 큰 수정을 가한 것이다. 이것은 단순한 제도의 개혁이 아니라 약을 둘러싼 거대한 재정 문제를 바로 잡는 것이기도 했다. 이런 의료 개혁이 없었더라면 아직도 우리나라의 의료 제도는 혼란의 극치였을 것이다.

이런 개혁은 쉽게 이루어진 것이 아니었다. 의료 보험 통합은 기존의 조합 방식을 유지하려는 측의 극심한 저항을 거친 것이었다. 의약 분업은 의사와 약사의 격렬한 대립과 저항을 넘어서야 했다. 의보 통합의 갈등은 주로 전 정부에서 일어났지만, 의약 분업은 김대중 정부 시기에 의사들의 극렬한 저항을 받고 '의료 대란'을 겪었다. 그때는 경제 위기를 넘어서야 하는 시기였고, 남북 간의 화해를 모색해야 하는 시기이기도 했다.

공교로운 것은 이 두 가지 어려운 개혁을 2000년 7월 1일이라는 한날한시에 이루어야 했다는 것이다. 시기가 같다는 문제를 넘어서서 이 두 가지 개혁은 내적으로 밀접한 관련이 있었다. 둘이 얽혀서 2001년의 건강 보험 재정 위기라는 새로운 문제를 낳기도 했다.

이 글은 의보 통합과 의약 분업이라는 김대중 정부 보건 의료 개혁의 역사를 정리하고, 그 의미를 되새겨 보려는 것이다. 둘은 모두 긴 역사와 깊은 뿌리가 있는 일이라서 김대중 정부 시기의 일만으로는 설명이 되지 않는다. 따라서 이전 정부의 일부터 되돌아보고자 한다.

## 의료 보험 통합 일원화[1]

### 1) 전사(前史) 1908~1997년

건강 보험의 시작을 1963년 제정된 의료보험법으로 보거나, 아니면 1977년부터 시행된 의료 보험으로 보는 것이 흔히 보는 역사적 서술이다. 국가 제도로서의 건강 보험 역사에서 이 두 가지 사실(史實)이 매우 중요한 것은 맞지만, 그렇다고 의료 보장에 대해 우리 국민이 고민해 온 역사가 이것만인 것은 결코 아니다.

첫 기록은 1908년(융희 2년) 공제회 방식의 건강 보험 운영 사례인 '전주노동공제회병원'이 「황성신문」에 보도된 것이다.[2] 1926년 원산노동연합회가 '노동병원'을 세워 운영했고, 다음 해 대구에서도 노동병원이 추진되었다.[3] 이러한 형태는 노동 운동과 의료 보장 운동이 결합한 것이라 할 수 있으며, 19세기 영국이나 독일에서도 유사한 사례를 찾아볼 수 있다. 그러나 이런 움직임은 일본 군국주의가 본격화되면서 곧 강력한 탄압을 받게 되었다.

---

1 이 절은 필자의 사적인 기록, 기억 등과 함께 다음의 책에 실린 자료에 많이 의존하여 쓰여졌다.
1) 국민건강보험공단, 건강보험심사평가원. 2017.「국민건강보험 40년사」 통사편 및 부문사편.
2) 신영전, 조홍준, 박세홍, 손수인. 2010.「국민건강보험 쟁취사」. 비판과 대안을 위한 건강정책학회, 전국사회보험지부.
3) 국정홍보처. 2002.「국민의 정부 5년 국정자료집, 제3편 교육 복지 환경 노동 문화 사회」, pp.188~198.

2 신영전, 조홍준, 박세홍, 손수인. 2010.「국민건강보험 쟁취사」. 비판과 대안을 위한 건강정책학회, 전국사회보험지부, p.11.

3 신영전, 조홍준, 박세홍, 손수인. 2010. 앞의 책. p.11.

정부 조직이 의료 보장을 언급한 최초의 사례는 1941년 공포된 건국 강령을 들 수 있겠다. 대한민국 임시 정부는 건국 후에 실시해야 할 중요한 제도 중 하나로 '면비의료(免費醫療)'를 선정하고 "제3장 건국 5. (7) 농공인의 면비의료를 보급, 실시하여 질병 소멸과 건강을 보장함."이라고 명시했다.[4]

해방이 되자 향후 의료 보장의 방향에 대해 활발한 논의가 있었으나 6.25 전쟁의 발발로 추진되지 못했다.[5] 그러나 노동병원 운동이 부활하여 1950년대에 6개의 사례를 남기게 된다. 일제 강점기와는 달리 이때는 정부의 지원을 받았다. 자유당 정권 말기인 1959년 가을, 보건사회부 관료들과 학자들이 의료 보험을 포함한 각종 사회 보장 제도 연구를 시작하였고, 이때 노동병원의 관계자도 참여한 것으로 보인다. 이를 민주당 정부가 인수하여 적극적인 검토를 진행하였으나 5.16 군사 쿠데타로 중단되었다.

이런 움직임이 이어지면서 군사 정권에서 1962년 3월 「사회보장제도심의위원회(사보심)」가 구성되고, 사회 보장 제도의 초기 구상을 만드는 데 중요한 역할을 했다.[6] 사보심에는 의료보험연구반도 있어 1963년 12월 제정된 의료보험법을 입안하는 데 산파 역할을 했다. 법이 규정한 적용 대상은 '근로자', 보험자는 '의료보험조합', 재

4 신영전, 조홍준, 박세홍, 손수인. 2010. 앞의 책. p.14.

5 해방 직후 의료 보장에 관한 주요 정치 집단의 논의는 전예목, 신영전. 2022. "해방기(1945-1948) 주요 정치집단과 미군정의 의료보장체계구상". 『의사학』 31권 1호. p.221을 참조할 것.

6 「사회보장제도심의위원회」는 1963년 11월 「사회보장에 관한 법률」에 의해 「사회보장심의위원회(사보심)」로 법제화되고, 명칭도 변경되었다.

정은 '국고보조와 보험료'였다. 원안은 '500인 이상 사업장에 의무 적용'하는 것이었으나 심의 과정에서 "근로자는 이 법에 의한 의료 보험에 가입할 수 있다."라는 임의 가입 방식으로 변경되었다. 이 법은 제도의 형태를 만들기는 했지만, 사실상 실시를 중단시키는 상반된 의미가 있는 것이었다. 속도가 느리더라도 단계적 가입 확대 방식을 채택할 수도 있었지만, 결론은 보류였다.

1968년의 「청십자의료보험조합」은 건강 보험의 역사에서 큰 의미를 가진다. 1965~75년 구성된 10여 개의 의료 보험 조합 중에 중심적인 역할을 수행하면서 의료 보험의 정책적 경험을 널리 전파하기도 했다. 1963년 의료보험법은 이렇게 민간 주도의 임의적 의료 보험을 실시하는 데에는 법적 근거가 되었으나, 보건사회부의 의료 보험 추진은 70년대 중반까지 미온적이었다.

1975년 말, 박정희 대통령이 「제4차 경제사회개발계획(1977~1981)」에 '의료 보험과 의료 보호를 보충하라.'라는 지시를 계기로 분위기가 바뀌었다. 의료보험법 전부를 개정하여 1977년 7월 1일 시행한 것이 본격적인 의료 보험의 출발점이자, 한국 사회 보장의 전환점이기도 하다. 근로자 500인 이상 사업장으로 시작하여, 이내 300인(1979년), 100인(1981년) 이상 사업장으로 확장되었다. 1979년에는 공무원 및 사립학교 교직원은 별도의 의료보험법을 제정하여 공단을 구성하였다. '300명 이상'으로 확대하는 단계에서 이미 작은 사업장들은 단독 조합의 구성이 불가능하여 사업장을 모아 공동 조합을 구성하게 되었다. '100명 이상'으로 확대하는 단계에서는 상당수 소규모 조합들을 통폐합하여 대형화하기도 했다. 그러자 당연히 의료 보험의 확장이 조합 방식으로 가능한가에 대해 보건사회부 내부에서 의문이 생기기 시작했다.

1980년 9월 천명기 장관이 부임한 이후 의료 보험을 하나로 합쳐서 가입자를 확대해 가야 한다는 '통합 일원화'가 보건사회부의 기본 방침이 되었다. 그러나 이 구상은 청와대 비서진으로 나가 있던 다른 복지부 공무원들의 반대로 11월 청와대 보고 때 전두환 대통령의 승인을 받지 못했다. 다음 해인 1981년에는 이 논쟁이 학계, 언론으로 번져 나갔다. 통합 반대 의견은 의료보험조합연합회, 전경련, 보수 언론 등이 이끌었다. 보사부 공무원들도 찬반으로 분열되었다. '조합주의자'는 조합 방식이라야 '자기 조합 의식'으로 자율적 운영을 할 것이고, 보험료 부과가 쉬우며, 적용 확대가 가능하다고 주장했다. 언론과 노동계는 통합하면 공무원이나 자영업자를 돕느라 근로자들의 보험료 부담이 크게 늘 것을 우려했다. 경제계는 의보 조합을 모기업의 계열 기업으로 간주했고, 그 재정은 가입자가 모은 개인 재산이라는 인식을 하고 있었다. 이들은 통합이 되면 보험료 부과가 불가능하고, 거대 조직의 경직성이 나타날 것으로 예측했다. 반면, '통합주의자'들은 통합이 되어야 위험 분산의 범위가 커지고 소득 재분배와 사회 연대가 가능해진다는 점을 중시했다. 조합 방식은 약자에 크게 불리하며, 조합 간 재정 격차로 인해 오히려 의료 보험 확대를 방해한다고 보았다. 또한 조합 방식은 관리 운영비가 과다하

며 여러 가지 부정도 피할 수 없다는 것도 강하게 비판했다.[7]

찬반 논쟁은 정치권으로 번져 나가 가을에는 국회가 이를 다루게 되었다. 당시 여·야당은 모두 '통합'을 찬성하여 집권당인 민주정의당의 당론이 되었다. 그러나 청와대 비서진의 반대는 강력해서 1982년 5월 장관이 교체되었다. 하지만 신임 김정례 장관도 '통합'의 견해를 가지고 있었다. 민정당이 의료 보험을 주제로 하계 워크숍을 열어 정책 토론을 하고, 국회도 '통합' 추진 소위원회를 만드는 등 정치적 압력을 강화했다. 그러나 청와대 비서진 등 통합 반대 측의 주장과 압력도 동시에 강화되었다. 쌍방의 갈등이 깊어지자, 10월 가을 국회에서 보사부의 운신이 매우 어려워졌다. 이 때문에 국회 보건사회위원회가 공전하기도 했다. 결국 11월 국회 대표와 보사부 장관 등이 대통령에게 합동 보고하는 자리가 마련되고, 여기서 최종적인 '보류' 지시를 받게 되자 논쟁은 사그라들었다. 1983년 2월 통합을 주장하던 보건사회부 관료들이 비리 혐의로 축출되었다.[8] 이렇게 시작된 '의료 보험 통합 논쟁'은 김대중 정부인 2000년에 이르러서야 결말을 보게 된다.

---

7 당시 공동직장조합의 운영에 대해서는 "군 출신 인사가 조합장으로 오는 일이 많다, 직원이 각종 연고로 채용된다, 조합의 기금을 예치하려고 경쟁하는 은행들이 금품을 제공한다"라는 등의 지적이 많았다. 단독직장조합은 사실상 모기업이 관리하고, 조합장과 직원도 모기업의 직원이 인사 배치되었다.

8 그 후 이렇다 할 비리 사실이 밝혀지지 않았다. 이 사건은 보건사회부에 상당 기간 '트로마'로 남았다.

직장 의료 보험은 조합 방식으로 확대를 거듭하여 16인(1987년), 5인(1988년) 이상의 사업장까지 적용되었다. 최종 단계인 자영자로의 확대를 위해서는 지역 의료 보험 시범 사업(1981~87년)과 대규모 연구들을 거쳐 가며 방안을 모색하고 있었다. 그 사이에 국민은 의료 보험 가입자와 미가입자로 반반씩 양분되어 사회적 문제가 커져 갔다. 더 이상 미룰 수 없어 전 국민 의료 보험을 추진하던 1986년, 통합 논쟁이 다시 일어났다. 정부 측이 조합 방식을 주장한 반면, 민정당이 주도하는 국회는 통합을 주장한 것이다. 거듭된 당정 협의를 거쳐 1987년 4월에 마련된 '단계적 통합' 방안도 청와대의 지시로 무산되었다. 결국 지역 의료 보험도 조합 방식으로 추진되었다.

그런데 1988년 초, 농어촌 의료 보험이 실시되자 곧바로 대대적인 농민들의 저항이 일어났다. 직장 의료 보험은 보험료를 '사용자'와 '피용자'가 반반씩 분담하는데 비해 자영업자인 농민은 65%를 본인이 부담해야 하는 문제가 분노를 유발한 것이다.[9] 막 구성되기 시작한 진보적 보건 의료 단체들이 농민 단체와 신속히 결합하여 「전국의료보험대책위원회(의보대책위)」를 구성하고 대대적인 저항을 벌이자, 의보 통합 논쟁은 이제 사회 운동으로 전개되기 시작했다. 이것은 1987년 6월 일어난 민주화 운동, 그 이후 다양하게 성장하던 사회 운동과 궤도를 같이하는 것이라 할 수 있다.

이 시기 정부와 국회에서도 '통합'의 움직임이 일었다. 1988년 3월

9 정부가 보험료의 35%를 지원해 주었지만, 당시 농민들은 전액을 본인이 부담하고 있다고 생각했다.

부터 보건사회부가 도시 지역 의료 보험의 '광역화' 방안을 추진한 것이다.[10] 시와 구마다 하나씩이 아니라, 대도시는 하나로, 중소 도시는 인근 농촌 지역과 합쳐 도농 통합 방식으로 대형 조합의 설립을 추진했다.[11] 1988년 4월 치러진 13대 총선에서 야당이 압도적 다수를 차지하게 되자[12], 의보대책위는 의료 보험 통합을 각 정당에 적극적으로 설득했다. 평화민주당과 통일민주당은 의보 통합을 당론화하고, 신민주공화당도 이에 따르게 된다. 1989년 3월 국회는 의보 통합을 내용으로 하는 「국민의료보험법」을 만장일치로 가결했다. 이에 통합 반대파는 자영자를 돕기 위해 봉급 생활자의 보험료가 크게 오를 것이라는 논리로 강한 반대 운동을 펼쳤다.

결국 정부가 국무회의 의결로 거부권 행사를 건의하고 노태우 대통령이 수용하는 방식으로 국회에 재의를 요구했다. 이로써 '광역화' 방안도 '통합 일원화' 방안도 동시에 무산되었다. 대신 지역 의보에 대한 국고 지원율을 급여 비용의 35%에서 50%로 올리는 개선안을 내놓았다. 직장 의보의 보험료 부담 방식을 지역 의보에도 준용하는 것으로 홍보되었으나, 첫 한두 해를 지나자 점점 그 비율이 내려가서 약속은 지켜지지 않았다. 다수가 저소득층인 농·어민과 도시 자영

10 1988년 3월부터 1989년 7월까지 보건사회부 차관이었던 이두호는 강한 통합론자였다. 그의 전임과 후임 차관은 모두 강력한 조합론자였다.

11 의료보험연합회. 1997.『의료보험의 발자취(1996년까지)』. pp.498~504 및 p.520.

12 13대 국회 초기의 구성은 299석 중 민주정의당(노태우) 125, 평화민주당(김대중) 70, 통일민주당(김영삼) 59, 신민주공화당(김종필) 35, 기타 10석이었다. 1990년 1월 소위 '3당 합당'으로 이 구도가 무너져 민주정의당 217석으로 개편된다.

업자의 의료 보험을 조합 방식으로 구성하는 한계를 안고 지역 의료 보험은 1987년 51.1%였던 의료 보험 가입률을 단숨에 '전 국민' 수준으로 끌어올렸다. 1989년 7월 1일 명암이 엇갈린 '전 국민 의료 보험' 시대가 열렸다. 이런 논쟁을 통해 김대중과 그가 이끄는 정당은 '의보 통합'을 확고한 당의 정책으로 깊이 내화하게 된다.

1993년 2월 김영삼 정부가 출범하자 다양한 개혁 정책이 추진되었다. 보건사회부도 1994년 1월 「의료보장개혁위원회」를 발족하고 상당히 광범위한 개혁 방안을 논의했다. 의료 전달 체계, 보험 급여 확대, 포괄 수가제 등 수가와 지불 제도 개선, 의료 보험 전산망 도입 등 당시로서는 획기적인 논의가 있었다. 그러나 의료 보험 관리 체계에 대해서는 조합 재정의 불균형 해소, 관리 운영 체계의 효율화 등만을 의제에 올려 조합 방식의 정책 틀을 벗어나려 하지 않았다. 사회 운동 단체들은 「의료 보험 통합 일원화와 급여 확대를 위한 범국민 연대 회의(의보연대회의)」를 결성하여 의보 통합 운동을 다시 벌이기 시작했다. 1988년의 운동이 농민 단체와 보건 의료 단체가 중심이 되었다면, 이번에는 새로 구성된 민주노총, 병원노동조합연맹(병노련, 후에 보건의료노조), 지역의료보험노조 등 노동 단체, 경실련, 참여연대 등 시민 단체, 그리고 다양해진 보건 의료 단체가 중심에 서서 1998년 기준 총 72개 단체를 규합했다. 의보연대회의는 단결력이 강한 최대 규모의 연대 조직이 되고, 의보 통합은 전체 사회 운동의 합의된 의제로 자리 잡았다.

지역 의료 보험이 구성된 지 5~6년이 지난 이 시기에는 조합이 난립된 방식으로는 전체 의료 보험 제도를 운영하기가 매우 버겁다는 점이 분명해져 있었다. 조합 간 재정 격차가 극심하게 벌어지고, 유연한 보험 급여 확대가 불가능하며, 관리 운영비가 과다하다는 문제점들이 드러났다. 대기업이나 부유층 거주 지역의 '부자 조합'은 낮은 보험료에도 재정이 안정되어 있었던 반면, 농어촌의 가난하고 인구가 적은 '빈자 조합'은 높은 보험료에도 재정이 극히 불안정했다. 그러나 전국 모든 의보 조합의 보험 급여는 통일되어 있었기 때문에 '부자 조합'들은 준비 적립금이 남아도는 상황인데도 급여 확대를 할 수 없었다. 조금만 보험 급여를 늘려 주어도 '빈자 조합'의 재정이 휘청거렸기 때문이다. 또한 의보 조합을 수백 개로 분리하여 운영하려면 관리 운영비가 많이 드는 것은 당연한 일이다.

이 시기에 이르면 다양했던 찬반의 쟁점이 '보험료'와 '불평등' 문제로 정리되어 갔다. 조합 방식 옹호론자들은 "통일된 보험료 부과가 기술적으로 불가능하다. 자영자 소득 파악이 어려워 직장 가입자의 부담이 부당하게 폭증할 것이다."라고 주장했다. 통합 방식 옹호론자들은 "재정이 조각조각 분리되어 국민 전체적인 위험 분산과 상부상조가 불가능하다. 불평등 구조를 악화시키고 급여 확대를 가로막고 있다."라는 점을 강조했다.

1996년 제15대 총선에서 새정치국민회의와 자유민주연합은 의보 통합을 공약으로 내세웠다. 양당이 1988년의 당론을 계승한 것이다.

새 국회가 열리자[13] 의보연대회의는 통합의 요구를 다양하게 전파했다. 새정치국민회의는 1996년 11월 통합 법안을 제출했다. 정부는 같은 달, 국무총리실 산하에 「의료개혁위원회」를 두어 연구한 결과로 1997년 9월 '지역 조합 시도 단위 광역화 방안'을 의결했다. 조합 방식은 유지했지만, '광역화'로 통합 반대론에 일정한 균열이 생긴 것이다. 이 시기에 의보연대회의, 특히 농민 단체가 나서서 신한국당 의원들을 강하게 압박하고 있었다. 의원들이 당 지도부에 농민들의 불만 해소를 요구하자 황성균 신한국당 보건복지위 간사는 3단계 통합 방안을 만들었다. 1단계는 공무원및사립학교교직원의료보험관리공단(공·교공단)과 지역 조합을 통합하고, 2단계는 직장까지 통합하되 재정은 구분 계리하며, 3단계는 재정도 통합한다는 것이었다. 신한국당이 이 방안을 법안으로 내자 새정치국민회의가 찬성하고, 재정난에 시달리던 지역 조합도 찬성하게 되었다. 보건복지부는 마지막까지 반대 의견을 굽히지 않았으나, 마침내 여야 단일 법안인 「국민의료보험법」이 11월 국회를 통과하고 12월 31일 공포되었다. 이로써 의보 통합의 1단계가 성취된 것이다. 그러나 이때 이미 한국이 외환 위기의 총체적 국난에 빠져들어 있었고, 김대중 후보는 12월 18일 대통령 선거에 당선된 상태였다. 소위 '제1차 통합'은 김대중 정부에 의보 통합의 물꼬를 크게 터 주는 역할을 했다.

13 15대 국회는 여소 야대로 구성되었다. 여당인 신한국당(김영삼)이 299석 중 139석이고, 새정치국민회의(김대중) 79, 자유민주연합(김종필) 50, 기타 31석이었다.

<표 3-1> 김대중 정부 이전 의료 보험의 주요 일지

| 일자 | 주요 사건 |
|---|---|
| 1963.11. | 「사회보장에 관한 법률」 제정, 사회보장심의위원회에 관한 규정 포함 |
| 1963.12.16. | 「의료보험법」 제정, 제8조(적용 대상)에서 임의 가입으로 함 |
| 1968.5. | '청십자의료보험조합' 설립 |
| 1976.12.22. | 「의료보험법」 개정, 500인 이상 사업장 근로자 강제 가입 |
| 1977.7.1. | 500인 이상 사업장 근로자 의료 보험 실시 |
| 1979.1.1. | 공무원과 사립학교 교직원 의료 보험 실시 |
| 1980.10.15. | 천명기 보건사회부장관 대통령에게 '의료보험관리체계 일원화방안' 보고 |
| 1982.11.2. | 11월 국회 대표와 보사부 장관 등이 대통령에게 합동 보고. '보류' 지시 |
| 1988.1.1. | 농어촌 의료 보험 시행, 농민들의 자생적 운동을 시작으로 통합 논의 재점화 |
| 1988.6.28. | '전국의료보험대책위원회(의보대책위)' 결성 |
| 1989.3.9. | 임시 국회에서 「국민의료보험법」 여야 만장일치로 통과 |
| 1989.3.24. | 노태우 대통령 「국민의료보험법안」 거부권 행사 |
| 1994.1.11. | 김영삼 정부 '의료보장개혁위원회' 발족 |
| 1994.4.11. | '의료보험통합일원화 및 보험적용확대를 위한 범국민연대회의(의보연대회의)' 결성 |
| 1996.11.29. | 국민회의와 자민련, 의료 보험 통합 내용의 「국민건강보험법안」 발의 |
| 1997.7.1. | 민주노총, 전국농민회, 한국농업경영인중앙연합회 통합 일원화 투쟁 선포 |
| 1997.12.18. | '즉각 통합 일원화' 공약의 김대중 대통령 당선 |
| 1997.12.31. | 지역 조합과 공·교의보를 통합하는 「국민의료보험법」 공포 |

### 2) 김대중 정부의 의료 보장 개혁

1998년 2월 김대중 정부가 출범하자 '의보 통합'은 곧바로 추진되기 시작했다. 대통령직 인수위원회는 의보 통합을 100대 국정 과제의 하나로 선정했다. 당선자 시기에 구성된 제1기 노사정위원회도 2월 의보 통합에 합의했다. 그동안 줄기차게 반대해 오던 전경련 등 경제

계와 한국노총 등이 추진에 합의한 것은 적지 않은 의미가 있었다.

새 정부는 3월 「의료보험통합추진기획단(추진단)」을 구성했다. 이제 통합은 기정사실이 되고 그 구체적 방법을 논의하는 단계가 된 것이다. 추진단은 3개 분과위원회를 두었다. 제1분과는 통합 관리 운영 체계, 제2분과는 보험료 부과 체계 및 재정 운영, 제3분과는 진료비 심사 및 지급 체계를 담당했다. 추진단은 그해 상반기 6개월여를 왕성하게 활동하면서 중요한 결정들을 해 나갔다. 추진단은 김대중 정부 의료 보장 개혁의 중심적인 정책 협의 기구이자, 민주적인 논의와 의사 결정이 보장된 조직이었다. 보건복지부도 의견은 제출했지만, 결정을 좌우하려고는 하지 않았다. 그간의 자문 기구들이 으레 보여 왔던 형식적인 자문 기구를 넘어서는 모범을 보였다. 한편, 전년도 말에 발효된 「국민의료보험법」에 의한 공·교공단과 지역 조합의 통합 작업이 통합추진단 활동과 동시에 진행되었다. 「국민의료보험관리공단 설립 준비위원회」는 새 정부 출범 하루 전인 2월 24일 첫 회의를 열고 9월까지 활동하여 10월에 예정대로 '의보공단'을 출범시켰다.

이런 활동을 통해 '김대중 정부의 의료 보장'이 구체적인 모습을 드러냈다. 추진단의 활동을 바탕으로 정부는 1998년 8월 「국민건강보험법안」을 입법 예고했다. 12월 국회는 신한국당이 제출한 「국민의료보험법 개정안」과 「국민건강보험법 제정안」을 병합 심리하여 「국민건강보험법」을 통과시켰다. 새 법은 다음 해 2월 발효되었다. 그 후 추가 논의를 거쳐 '의료 보험 통합 일원화'는 2000년 7월 1일

마침내 실시되었다. 1980년 통합 논의가 시작된 지 꼭 20년 만의 일이다. 그러나 그것은 단순한 '의보 통합'이 아니라 한국 '건강 보장의 재구성'이었다.

의료 보험은 '건강 보험'으로 이름을 바꿨다. 이것은 진료비 부담의 경감을 넘어서서 국민의 건강을 증진하기 위한 활동을 적극적으로 수행하라는 임무를 부여하는 것이었다. 「국민의료보험관리공단」과 139개 직장 조합이 모두 합쳐져 「국민건강보험공단」이 되었고, 전 국민이 모두 이 '통합 일원화'된 단일한 '건강 보험 조합'의 가입자가 되었다. 이로써 조합을 바꿀 때마다 새 조합의 조합원 자격을 취득해야 하던 불편은 사라지고, 직장과 지역 가입자의 차이만 남게 되었다. 의보공단과 직장 조합의 조직도 모두 합쳐져 중앙과 지부로 재구성되었다. 직원 수는 15,036명에서 10,554명으로 4,320명(28.7%)이 감축되었고, 실지출 대비 관리 운영비(인건비+경비)는 1997년 9.3%에서 2002년 4.0%로 축소되었다.[14] 관리 운영비 절감에는 엄청난 성과를 거두었으나 직원들로서는 큰 희생을 치러야 했다.[15]

---

14 박종연. 엄의현. 서남규. 2003.「건강보험 관리운영비 추이 분석」. 건강보험연구센터. p.96. <그림 3-1>은 이 보고서 p.3에서 인용한 것임.

15 지역의료보험노조는 의보 통합이 직원 수의 대폭 감축을 가져올 것을 예상했지만 사회 정의를 구현하기 위해 이를 지지하고 투쟁했다. 노동 운동사상 특별한 경우라고 할 수 있다.

<그림 3-1> 의료 보험 통합 일원화의 과정

| 기간 | 77.7.1. - 98.9.30.<br>(조합 방식) | → | 98.10.1. -<br>2000.6.30.<br>이행기:<br>조합+부분 통합 방식 | → | 2000.7.1. 이후<br>(완전 통합 방식) |
|---|---|---|---|---|---|
| 법 명칭 | 의료보험법<br>(지역, 직장)<br>공교의료보험법<br>(공무원) | → | 의료보험법(직장)<br>국민의료보험법<br>(지역, 공교) | → | 국민건강보험법 |
| 관리 운영<br>기구 통합 | 지역 의보 조합<br>(227개)<br>공교의보공단(1개)<br>직장 의보 조합<br>(139개)<br>의료보험연합회(1개) | → | 국민의료보험<br>관리공단(1개)<br>(지역·공교 통합)<br>직장 의보 조합<br>(139개)<br>의료보험연합회(1개) | → | 국민건강보험공단<br>(1개)<br>(지역·직장·공교<br>완전 통합)<br>건강보험심사평가원<br>(1개) |

건강 보험의 주요 정책결정에 민주적 운영 절차를 도입했다. 「건강보험심의조정위원회」는 주로 보험급여 여부의 결정, 보험수가 설정 등 급여에 대한 주요 사항을 결정했는데 위원은 가입자, 의료 공급자, 공익 전문가, 정부 대표로 구성했다. 이와는 별도로 「보험재정운영위원회」를 두어 보험료 등 재정에 관련한 주요 사항을 다루도록 했다. 여기에는 의료 공급자는 참여시키지 않고 가입자, 공익 전문가, 정부 대표만으로 구성했다.

건강 보험의 급여도 크게 확대됐다. 당시에는 진료 일수 제한이 있었는데 그것을 270일에서 365일로 연장하고, 만성 질환자는 추가 연장도 가능하게 했다. 산전 진찰, 장애인 보장구 등을 급여에 포함하고, 고액 진료비 본인 부담 경감 제도도 도입했다. 보험 수가 결정은 고시제에서 계약제로 변경되었다. 정부가 일방적으로 결정하던 방식을 벗어나 보험자와 의료 공급자 단체가 협상하여 결정하되, 협상에 실패하면 「건강보험심의조정위원회」가 결정하도록 했다.[16] 수가 제도는 행위별 수가제를 유지했지만, 2001년에는 「자원 기준 상대 가치제(resource-based relative value scales)」를 적용하여 합리성을 높이고, 2002년에는 행위별 수가제와는 별도의 「질병군별 포괄 수가제(DRG, diagnosis-related groups)」를 부분적으로 도입했다.

의료 보험에서 이름을 바꾼 건강 보험은 이전에 시행하고 있던 건강 검진 사업을 재정비하고 공·교, 직장 가입자뿐 아니라 지역 가입자에게도 암 검진을 확대했다.[17] 조직의 통합은 전산의 통합으로 이어졌다. 공·교와 지역이 통합되면서 전산도 1차 통합했고, 건보공단의 출범과 함께 '건강보험정보시스템'이 구축되었다.[18]

그러나 보험료 부과 체계 개발은 난항을 거듭했다. 추진단이 활동을 종료하고, 새 건강보험법이 제정된 단계에서도 보험료 부과 체계는 완성을 보지 못했다. 1999년 봄 추가적인 연구를 통해 직장 가입자와 지역 가입자의 단일한 보험료 부과 체계는 만들기 어렵다는 결론을 내리게 되었다. 이에 따라 지역 가입자의 보험료 부과 체계를 별도로 개발하기 위해 건강 보험 시행을 2000년 7월 1일로 6개월 연장하며, 그 이후로도 2년간은 재정 운영을 한시적으로 분리 운영하기로 결정했다. 건강보험법은 1999년 말 이를 반영하여 개정되었다. 이러한 난점은 당시 약 30%에 불과했던 자영자의 소득 파악률

16 실제 계약은 2005년에서 처음으로 가능했다.

17 국민건강보험공단, 건강보험심사평가원. 2017,『국민건강보험 40년사』부문사편, p.200.

18 국민건강보험공단, 건강보험심사평가원. 2017 앞의 책, p.264.

때문이었다. 조합 시절의 자영자 소득 파악률은 더 낮았겠지만, 작은 조합들로 분리되어 있어 크게 문제 되지 않았을 뿐이었다. 그러다 통합이 현실화하자 직장 가입자와 지역 가입자의 소득 파악률 격차 때문에 이 문제가 본격적으로 대두된 것이다.

「국민건강보험법」을 입안하는 단계에서 이루어진 중요한 결정 중 하나는 「건강보험심사평가원」을 분리 설치한 것이다. 의료 보험 도입 초창기에는 진료비 심사가 조합별로 일정한 기준 없이 이루어져 상당한 혼란이 있었다. 1979년 공·교공단이 설립되면서 자체적으로 전문적인 심사 조직을 가지게 되었다. 같은 시기에 「전국의료보험협의회」 내에 「진료비심사위원회」를 설치하여 조합들의 심사를 위탁하도록 했다. 1981년 「전국의료보험협의회」를 「중앙의료보험조합연합회」로 개편하면서 양립된 조직의 심사 기준을 통일하기 위해 「진료비공동심사위원회」를 구성했다. 1988년 지역 의료 보험이 실시되면서 공·교공단의 진료비 심사도 의료보험조합연합회에 위탁하도록 해서 심사 기구를 일원화했다. 1998년 추진단은 통합 일원화를 하면서 심사 기구를 공단에 포함시킬 것이지, 아니면 별도의 기구로 독립시킬 것인지에 대해 논란이 많았다. 공단 안에 두자는 주장은 주로 보험 재정의 보호에, 분리하자는 주장은 심사의 객관성에 중점을 두었다. 의사협회, 의료보험연합회 등이 분리에 찬성하는 편이었다. 결국 '진료비' 심사뿐 아니라 '의료의 질' 평가 및 관리 업무를 포함하여 심사·평가를 동시에 담당하는 전문 기구로 독립시키자는 결정이 내려졌다. 「건강보험심사평가원」의 설립 논의 시, 향후 다른 보험의 진료비 심사도 맡아 할 수 있다는 주장이 있었는데, 실제로 2013년부터 자동차 보험의 심사를 위탁받아 실시하게 되었다.

통합 과정이 진행되는 중에도 이를 반대하는 움직임은 지속되었다. 1998년 늦가을 국회에서 법안이 논의되고 있을 무렵, 의보 통합에 대한 반대 주장이 다시 강해지기 시작했다. 이 시기의 반대 운동은 「직장의료보험노동조합」이 주도했다. 직장의보노조는 1998년 3월에 조직되었다. 「지역의료보험노동조합」이 1989년 3월 노태우 대통령의 거부권 행사를 계기로 각 지역 의보 조합별로 결성되기 시작하여, 그해 10월 「지역의료보험노동조합 전국협의회」를 구성한 데 비해 직장의보노조는 구성이 상당히 늦은 셈이다. 지역 의보의 직원들이 1988~89년의 지역 의보를 확대하던 시기에 일제히 취업하여 당시의 민주화 운동 바람을 타고 민주노총 소속의 진보 노조로 신속히 성장한 반면, 직장 의보의 직원들은 모기업의 출신들이거나 다양한 인연으로 들어온 특성이 있어 노조를 결성하기 어려웠다. 그러나 통합이 실제 진행되고 일자리의 우려가 커지자, 노조를 결성하고 한국노총에 가입했다. 이로써 두 의보 노조의 대립 구도가 발생하게 된 것이다. 의보연대회의는 건강보험법이 제정되자 임무를 완성한 것으로 보고 1999년 초 해산했다. 그러나 통합입법 저지에 실패한 직장 의보는 활동을 더욱 강화했다. 1999년 5월에는 막 발효된 건강보험법에 담긴 재정 통합이 직장 조합의 사유 재산권 침해라며 위헌 소송을 제기했으나 다음 달 기각당했다. 6월에는 서울역 광장 집회를 열고, 7월에는 '통합 반대 천만 명 서명 운동'을 전개했다. 보수 언론들이 일제히 통합의 문제점을 보도하고 나섰다. 이에 대응하여 의보연대회의를 잇는 「국민건강권 확보를 위한 범국민연대(건강연대)」가 7월 재구성되었다. 한국노총과 직장의보노조는 '514만 명 서명'을 기반으로 9월에 '통합 2년 연기'를 국회에 청원하였는데 새천년민주당의 이성재, 한나라당 김홍신 의원이 서명을 검토하여 대다수가 허위 서명이라는 점을 밝혀 냈다. 결국 한국노총은 11월 사과 성명을 내야 했고, 통합 반대의 전략은 '조직 통합' 반대에서 '재정 통합' 반대로 수정되었다.[19]

'통합'에 대한 반대는 이렇게 정리가 되어 갔지만, 다른 한편에서는 새로운 위험 요인이 커지고 있었다. 의보 통합과 의약 분업은 각각의 우여곡절을 거치며 연기된 끝에 2000년 7월 1일 동시에 시행하기로 일정이 겹쳐 있었다. 의보 통합 갈등과 엇갈려 가며 진행되던 의약 분업 갈등이 1999년 11월 30일 장충단공원 집회를 계기로 폭발했다. 이후 의협은 1년을 지속하는 투쟁을 이어가게 된다. 그러나 김대중 정부는 강한 의지로 의보 통합과 의약 분업을 모두 예정대로 시행했다. 의사들의 저항을 달래기 위해 정부는 의약 분업 전후로 수가를 대폭 인상했다. 2000년 7월 9.2%, 9월 6.5%, 2001년 1월 7.08%가 연이어 인상되었다. 거듭된 인상으로 총 24.5%가 인상된 것이다. 이것은 건강보험의 재정에 큰 영향을 주게 된다.

19 격렬히 대립하던 직장과 지역의보노조는 2014년 10월 단일 노조로 극적인 통합에 성공했다.

2001년 3월 공식화된 건강 보험 재정 위기에는 몇 가지 복합적인 요인이 있었다. 1997년 말 발생한 경제 위기는 국가 전체에 영향을 미쳤다. 악화된 고용 시장 사정이 건보 재정을 심각한 수준으로 악화시키고 있었다. 고용이 축소되자 직장 의보가, 경기가 하락하자 지역 의보가 재정이 나빠졌다. 또한 1997년 가을부터 의보 통합으로 정책 방향이 잡혀 가자, 의보 조합들은 재정을 건전하게 운영할 동인을 잃어버렸다. 두 가지 요인으로 1998년 총 3조 359억 원에 달하던 준비 적립금이 통합 당시에는 1.1개월 치인 9,189억 원으로 줄어들었다. 이미 악화된 재정으로 수가를 인상할 여력이 고갈된 상태였으나 정부는 수가를 대폭 인상했다. 의약 분업이 실시되자 의사들은 다양한 의약품을 자유로이 사용할 수 있게 되었고, 외제 '오리지널' 의약품의 처방이 늘어났다. 최종 타결된 의약 분업 모형에는 국산 의약품을 유도하는 장치가 사라지고 없었다. 여기에는 '지역 의보 국고 지원 50%'의 약속이 지켜지지 않은 것도 한몫했다. 2001년 3월 13일 현재의 준비 적립금은 2일 치인 398억 원에 불과할 정도로 고갈되었다.[20]

복지부는 5월 재정 안정화 대책을 마련하고, 6월부터 기업 어음을 발행하여 은행에서 차입금을 들여왔다. 2003년까지 차입금은 총 30조 원에 달했다. 2002년 1월에는 「국민건강보험재정건전화특별법」을 통과시켰다. 2006년까지의 한시적인 특별법에 따라 「건강보험정책심의위원회(건정심)」를 설치하고, 보험 급여 결정뿐 아니라

20 국민건강보험공단, 건강보험심사평가원. 2017『국민건강보험 40년사』 통사편, p.182.

수가와 보험료 등 재정 관련 사항도 일괄하여 다루도록 했다.[21] 또한, 정부의 국고 지원을 40%로 늘리되 담뱃값에 150원의 부담금을 부과하여 조성된 「건강증진기금」에서 지역 보험 재정의 10%를 지원하도록 하여 총 지원을 50%로 할 수 있게 했다. 신설된 건정심은 2002년의 건보 수가를 2.9% 인하하고, 보험료는 6.7% 인상했다. 건보공단 직원들은 임금을 자체 동결했다. 이런 노력으로 건보 재정은 2003년 흑자로 전환되었다.

이와 같은 시기에 한나라당은 2002년 1월의 재정 통합을 2003년 6월 말까지로 연기하는 건보법 개정안을 단독으로 통과시켰다. 그 후 더 이상의 연기 없이 2003년 7월 1일 건보 재정도 통합되었다. 이로써 '의료 보험 통합'의 전 과정이 마침내 완수되었다.

한편 2000년 10월 「국민기초생활보장제도」가 실시되었다. 이에 따라 의료 보호 제도는 기초 생활보장의 한 부분인 의료급여로 개편되면서, 2001년 5월 「의료보호법」은 「의료급여법」으로 개정되었다. 급여 기간, 수가 등을 건강 보험에 근접하게 개선하고, 각 시군구가 각각 담당하던 진료비 지급을 건강보험공단에 위탁하여 일괄 지급하도록 했다.

21 건강보험정책심의위원회는 한시법이던 국민건강보험재정건전화특별법이 2006년 종료되면서 국민건강보험법으로 승계되어 지금도 남아 있다.

<표 3-2> 김대중 정부의 의료 보장 개혁 일지

| 일자 | 주요 사건 |
|---|---|
| 1998.2.26. | 1기 노사정위원회 의료보험통합법의 연내 제정 합의 |
| 1998.3.23. | '의료보험통합추진기획단(추진단)' 발족 |
| 1998.8.8. | 의료보험통합일원화법인 「국민건강보험법」 입법 예고 |
| 1998.8. | 전국직장의보노조 통합 반대 운동 전개 및 보수 언론들 가세 |
| 1998.10.1. | 지역 조합과 공·교공단 통합한 '국민의료보험관리공단' 출범 |
| 1999.1.6. | 「국민건강보험법」 제정안 통과 (2000.1.1. 의보 통합 시행) |
| 1999.7. | 직장의보노조 통합 반대 천만 명 서명 운동 전개 |
| 1999.7.22. | '국민 건강권 확보를 위한 범국민연대(건강연대)' 발족 |
| 1999.10. | 한국노총과 직장의보노조 통합 법안 2년 연기 국회 청원 |
| 1999.11.18. | 한국노총 서명자 500만 조작 인정 및 유감 발표 |
| 1999.12.31. | 「국민건강보험법」 개정안 통과(통합 6개월 연기, 2000.7.1. 시행) |
| 2000.7.1. | '국민건강보험공단' 및 '건강보험심사평가원' 설립 |
| 2001.6. | 국민건강보험공단 기업 어음 발행으로 은행 차입금 도입 |
| 2001.12.24. | 한나라당이 보건복지위 소집, 재정분리법안 단독 처리 |
| 2002.1.4. | 여야 합의로 재정 통합 1년 6개월 유예 확정 |
| 2002.1.19. | 「국민건강보험재정건전화특별법」 시행 |
| 2003.7.1. | 직장과 지역 재정 통합 |

### *3) 평가*

의료 보험을 '통합 일원화'하여 건강 보험으로 전환한 것은 한국 사회 보장과 보건 의료 제도의 역사에서 획기적인 사건이다. '의보 통합'은 그 자체만으로 많은 성과를 거두었고, 당시에는 하지 못했더라도, 이후에 이루어진 수많은 개혁 조치에 바탕을 깔아 주었다. 자격 관리, 보험 급여, 징수, 정보 등과 관련하여 그 이후에 이루어진 수많은 정책이 '통합된 보험자 조직'에 기반을 두고 있다.

의료 보험 통합 일원화는 작은 조합으로 갈가리 조각나 있던 보험자와 재정을 통합하여 '위험 분산'의 범위를 비약적으로 확대했고, 전 국민이 상부상조하는 '사회적 연대'의 구조를 만들어 냈다. 조합 방식으로는 아무리 조합 간 격차를 줄이는 재정 조정 사업을 하더라도 부자는 부자끼리, 빈자는 빈자끼리 모여 있는 불평등 구조의 한계와 불과 수만 명 정도의 조합원으로 구성된 소규모 조합들의 위험 분산 한계를 벗어나지 못했을 것이다. '통합'을 하지 못했더라면 지금도 의료 보험은 일상적인 재정 위기에서 헤어나지 못했을 것이다.

조합으로 분리된 체제에서는 급여 확대의 여지가 전혀 없었다. 정치적인 이유로 급여 수준만큼은 모든 조합에 통일되어 있었기 때문에 부자 조합은 돈이 쌓여 있어도 더 줄 수 없었고, 빈자 조합은 돈이 없어서 불가능했다. 통합은 급여 확대의 가능성을 크게 열어 놓았다. 그러나 2001년의 건강 보험 재정 위기는 그 중요한 기회를 봉쇄했다. 급여 확대는 작은 규모에 그쳐야 했다. 건강 보험의 급여 확대 노력은 노무현, 박근혜, 문재인 정부가 이어 갔다. 건강 보험 출범 전후 건강 보험의 보장성은 약 50% 정도였던 것으로 추정되나,[22] 2022년에는 65.7%가 되었다. 중증·고액 진료비 상위 50위 내 질환(백혈병, 췌장암, 림프암, 치매 등)의 보장률은 77.8%이다.[23] 1997년 말 일어난 경제 위기로 가계 파탄의 두려움을 절실히 경험한 국민은 예기치 않은 진료비로 인한 가계 파탄을 막고자 했다. 그러나 건강 보험

22 1997년 자료를 사용한 한 연구에서 병원 총수익에서 본인 부담금이 차지하는 비율은 51.7%였다. 김창엽, 이진석, 강길원, 김용익. 1999. "의료보험 환자가 병원진료시 부담하는 본인부담 크기". 『보건행정학회지』 제9권 제4호. p.6.

23 건강보험공단 보도 자료. "2022년 건강보험 보장률 65.7%(전년 대비 +1.2%p)". 2024.5.17.

은 보험료와 보험 급여를 동시에 끌어올려 '저부담-저급여' 체제를 '적정 부담-적정 급여'로 전환하는 단안을 내리지 못했다. 보험료 인상은 악화한 노동시장 사정과 합리적 보험료 부과 체계 개발의 미비로 엄두를 낼 수 없었다. 그 틈새를 실손 보험이 파고들었다. 민간 보험을 보험 산업의 발전으로 보는 견해가 강하게 대두되기도 했다. 처음에는 여유가 있는 계층에서만 가입하던 실손 보험이 점점 확대되어 갔다. 결국 건강 보험과 민간 보험은 이내 충돌하기 시작해서 지금도 계속되고 있다.

보험료 부과는 의보 통합의 아킬레스건이었다. 통합 일원화를 하던 그 시기가 정치적으로는 '단일한 소득 기반 보험료 부과 체계'를 구성할 절호의 기회였으나, 기술적으로는 불가능한 일이었다. 단일한 방식의 보험료 부과는 직장 및 지역 가입자 모두, 즉 전 국민의 소득 파악이 전제되어야 하는데, 당시 상황으로 자영자 소득 파악은 약 30% 정도였다. 결국 지역 가입자는 파악된 소득뿐 아니라 성별, 연령, 고용, 주택, 자동차 등 다양한 변수를 써서 '추정한 소득'을 기준으로 보험료를 부과했다. 당시에는 '유리 지갑'이라는 직장 가입자의 과다한 부담이 통합 반대의 중요한 논리였으나, 결과적으로는 지역 가입자의 부담이 더 커지게 되었다.

그러나 김대중 정부는 다른 방식으로 보험료 부과에 기여했다. 한 가지는 정보 통신의 혁명을 이루어 인터넷을 발전시키는 기초를 놓은 것이고, 또 다른 하나는 신용 카드의 보급을 비약적으로 늘린 것이다. 부작용도 있었다. 무분별한 카드 발급으로 '카드 대란'이 일어나 차기 정부 초기에 큰 부담이 되었다. 그러나 노무현 정부는 금융 전산망을 더욱 발전시키고 카드 사용도 더 늘렸다. 그 결과 자영자 소득 파악의 인프라가 비약적으로 좋아지게 되었다. 이를 기반으로 박근혜 정부 말기에 지역 가입자의 보험료 부과를 대폭 합리화하는 새로운 보험료 부과 체계가 마련되어 2018년 7월 시행되었다. 이는 그 후로도 계속 보완되고 있다. 소득 파악 정도는 이제 직장과 지역 가입자 모두를 아우르는 소득 기반 단일 보험료 부과 체계를 충분히 개발할 수 있는 단계에 도달해 있다. 정치적 결단을 기다리고 있다.

그 외에도 통합된 조직은 다양한 파급 효과를 일으켰다. 건강 보험료가 효율적으로 징수되자 건강 보험료, 연금 보험료, 고용 및 산재 보험료 등, 소위 '4대 보험료'를 통합 징수하자는 논의가 진행되었다. 2011년부터 건보공단이 일괄 징수하고 있다. 이런 제도도 '통합'이 없었더라면 불가능한 일이었다. 통합하면서 개념을 바꾼 '건강 보험'이 재정비한 건강 검진과 건강 증진 사업은 그 후 「국가건강검진제도」와 다양한 건강 증진 발전해 가는 데 그 바탕이 되었다.

단일화를 통해 거대해진 조직으로 건강 보험을 운영하기 위해서는 필연적으로 자료의 전산화가 필요했다. 김대중 정부의 정보 통신 개혁은 새로 구성된 건강보험공단에도 큰 영향을 주어, 공단 업무가 빠른 속도로 전산화되었다. 보험료, 보험 급여 관련 각종 데이터는 정보 시스템의 발전에 따라 거대한 '빅 데이터'로 발전했다. 건강 보험의 전산망은 전 국민을 대상으로 한 유일한 정보 체계이며, 국가 기간 전산망의 하나이다. 이것 역시 '통합'에 기초를 두고 있다.

의료 통합으로 직원들은 1만 5천 명에서 1만 명으로 감축되고, 관리 운영비 비중은 절반 수준으로 대폭 절감되었다. 현재 건강보험공단은 다시 통합 이전과 비슷한 1만 5천여 명의 직원을 고용하고 있다. 그러나 같은 인원으로 건강 보험뿐 아니라 노인 장기 요양 보험, 4대 보험료 통합 징수, 전 국민을 대상으로 한 전산망을 같이 운영하고 있다.

## 의약 분업[24]

### 1) 전사(前史) 1953~1997년

정부 수립 이후 처음 제정된 1953년의 약사법부터 의약 분업에 관한 규정이 있었다. "제18조(조제) ① 약사가 아니면 의약품을 조제할 수 없다."라는 원칙을 법조문으로 규정한 것은 이미 그 당시에도 의약 분업을 의료 제도의 한 원칙으로 인식하고 있었음을 의미한다. 그러나 이 원칙은 현실적인 제약으로 실현될 수 없었다. 당시 상황으로는 의-약을 분리할 수 있을 만큼 의사와 약사 인력이 있을 리 없었다. 부칙인 제59조는 "의사, 치과의사, 한의사, 수의사는 자기가 치료 사용하는 의약품에 한하여 자신이 조제할 때에는 제18조의 규정에도 불구하고 조제할 수 있다."라고 규정하고 있다. 이 조문을 '부칙'으로

24 이 절은 필자의 사적인 기록, 기억 등과 함께 다음의 책에 실린 자료에 많이 의존하여 쓰여졌다. 1. 차흥봉. 2006.「의약 분업 정책과정」. 아산재단 연구총서 205권, 집문당, 2. 원희목. 2004.「새로운 시작을 위하여」. 조윤커뮤니케이션, 3. 국정홍보처. 2002.「국민의 정부 5년 국정자료집, 제3편 교육 복지 환경 노동 문화 사회」. pp.236~241.

규정한 것은 초기의 정책 설계자들이 '의약 분업을 원칙으로, 의사의 조제를 불가피한 타협'으로 인식하고 있음을 보여 준다.

그 이후 오랫동안 실현될 수 없었던 의약 분업은 1977년 의료 보험 도입과 함께 그 필요성이 다시 대두되었다. 사회 보험으로서의 의료 보험 제도를 확대하려면 의사와 약사의 역할 구분을 확실히 해, 질서를 바로잡아야 할 이유가 있었기 때문이다. 의료 보험이 빠르게 확대되던 1982~1985년 목포에서 의협과 약사회의 계약 방식에 의한 의약 분업의 시범 사업을 진행했다.[25] 성공하지는 못했지만, '병·의원의 처방전 발행, 처방전에 의한 약사의 조제'를 실천해 본 경험은 이후 의약 분업에 대한 정책적 사고의 출발점이 되었다.

직장 의료 보험의 구성을 완료하고, 지역 의료 보험을 도입하여 전국민 의료 보장을 추진하던 정부는 의약 분업을 더 이상 미룰 수 없었다. 「전국민의료보험 실행위원회」는 1988년 4월 '3단계 의약 분업 실현 방안'을 마련했다. 이어서 5월 「국민의료정책심의위원회」를 구성하고 그 산하의 의약 분업분과위원회가 논의를 계속하였다. 그러나 결국 다음 해 의약 분업은 무기 연기하되 약국을 의료 보험 요양기관으로 지정하는, 소위 '약국 의료 보험'을 실시하는 것으로 마무리되었다. 이제 전 국민이 가입된 의료 보험은 약국에서 사는 의약품

25 목포 의약 분업 시범 사업은 3년간 계속되었지만, 실제로는 1984년 5월부터 12월까지 8개월간 집중적으로 이루어졌다. 이 기간에는 월평균 3만 2천 건의 처방전이 발행되었다. 그해 1월 목포시 의사회, 치과의사회, 약사회, 목포시 의료보험조합, 의료보험연합회, 공·교공단이 '의약 분업 합의'를 한 때문이었다. 목포는 1981~1987년 진행된 지역 의료 보험 시범 사업 6개 지역(홍천, 군위, 옥구, 강화, 보은, 목포) 중 유일한 도시 지역이었다. 의료보험연합회. 1997. 앞의 책. p.365, p.374 및 pp.396~403.

의 비용도 보험 급여를 해 주게 되었다.

1977년 의료 보험 도입 이후 일어난 적용 범위의 확대와 보험 급여의 확대는 약을 둘러싸고 의사-약사-한의사-제약회사 간의 정치경제학적 관계에 큰 변화를 일으켰다. 그 변화는 겉으로 보이지 않았지만 매우 중요한 의미를 가진다.

의료 보험 도입 당시인 70년대 후반 외래 의료 서비스의 약 30% 정도만 병·의원에서 제공되고, 나머지 70% 정도는 약국이 제공하고 있었다. 약국의 의료비가 훨씬 저렴했기 때문이다. 의료 보험의 도입은 병·의원 의료 서비스의 가격을 낮추는 효과가 있었고, 의료 보험 적용이 확대되어 감에 따라 지속적으로 환자는 약국에서 병·의원으로 이동했다. 1987년의 의료 보험 적용률은 51.1%였으나 1988년 농어촌 지역 의료 보험과 1989년 도시 지역 의료 보험 시행으로 전 국민이 적용받게 되어 소위 '비보험 환자'는 사라지게 되었다. 약국에서 병·의원으로 환자의 이동이 급격히 가속되었다는 의미이기도 하다. 1989년 시행된 '약국 의료 보험'은 약국 서비스의 가격을 어느 정도 낮출 수는 있었으나, 급여 범위의 한계 등으로 그 효과는 제한적이었다.

1980년대 후반 전반적인 매출 감소가 심해지는 상황에서 약국들이 찾아낸 새로운 활로가 한약이었다. 1953년 제정된 약사법은 한약도 '의약품'의 하나로 규정한 바 있었으나 1965년 개정법에서부터 한약은 의약품과는 별도로 정의되기 시작했다. 그러나 한약이 약사법의 범위를 벗어난 것은 아니었다. 현실적으로 한약을 취급하는 약국이 점점 많아지자, 한의계는 약사의 한약 조제 금지를 강하게 주장했다. 정부는 1976년 약사법 시행 규칙으로 "약국에는 재래식 한약장 이외의 약장을 두어 이를 깨끗이 관리해야 한다.[26]"라는 조항을 신설했다. 이후 한동안 한약을 취급하지 않던 약국들은 전 국민 의료보험 이후 환자가 크게 줄어들면서 한약에 다시 관심을 가지게 되었다. 많은 약사가 새로 한약을 배워 처방, 조제하게 되고, '한약장을 두고' 한약을 구비한 약국들이 빠른 속도로 증가했다. 약사회가 "약국에는 재래식 한약장 이외의 약장을 두어"라는 약사법 시행 규칙 조항의 폐지를 강하게 요구하자 보건사회부는 1993년 3월 이를 삭제했다. 그러자 한의사들이 이에 크게 반발하여 소위 '한약 분쟁'이 발생하게 되었다.

이를 조정하기 위해 구성된 「약사법개정추진위원회」는 3달 만에 약사법 개정 시안을 마련했다. 다룬 내용은 복잡했지만, 중요한 의제는 의약 분업이 필요하다는 전제에서 한의학에서도 의약 분업이 가능한지, 가능하다면 한의사의 분업 파트너를 약사로 할 수 있는지, 약사가 임의로 판매할 수 있는 한약의 범위는 어디까지인지 등이었다. 결론은 "'한약사' 제도를 신설한다, 약사는 시험을 보아 합격자에 한해 한약 판매를 허용한다, 약사의 한약 판매 범위를 한정한다."라는 것 등이었다. 이에 따라 약사들은 한약 조제 자격 시험을 거쳐 '한약조제약사'의 자격을 획득하게 되었고, 1995~2003년간 배출된 한

26 "한약장 '이외의' 약장을 두어"라는 조항은 약국에는 '한약장을 두지 말고 양약의 약장만 두라.'는, 즉 한약장을 두어 '한약을 보유하고 있으면 안 된다.'라는 뜻이다.

약제조약사 수는 2만 7,802명이다. 지금도 약 2만 명 정도가 활동하며 활동 약사의 약 절반 정도에 달한다. 이들은 100가지의 한약 처방을 조제할 수 있게 되었다. 한약사는 한방 의약 분업이 보류되고, 그 수도 적어 지금까지 적절한 역할을 찾지 못하고 있다. 시험과 처방 수를 둘러싸고 '제2차 한약 분쟁'이라고 하는 다툼이 1996년까지 이어졌다.

이 과정을 통해 만들어진 1994년 1월 7일 개정 약사법은 의약 분업의 원칙을 좀 더 구체적으로 규정했다. 부칙에 의해 한의학, 수의학 분야의 의약 분업은 다시 무기한 연기되었지만, 서양 의학 분야의 의약 분업 관련 조항은 '3~5년 동안 한시적으로' 유보되었다. 이렇게 설정된 시한이 1997년 7월부터 1999년 7월까지였다. 의약 분업의 실시 시기가 법으로 규정된 것은 이때가 처음이었다. 이 점에서 한약 분쟁과 1994년 약사법은 의약 분업의 역사에서 중요한 의미가 있다.

김영삼 정부는 1996년 11월 「의료개혁위원회」를 구성하여 다음 해 9월 의약 분업 방안을 도출했다. 내용은 의료 기관 중 약사가 없는 곳은 처방전 발행을 의무화하고, 약사가 있는 경우는 환자의 선택에 맡기며, 1단계(1999년)는 제한적 전문 의약품(항생제, 스테로이드, 습관성 의약품 등), 2단계(2002년)는 주사제를 제외한 전문 의약품, 3단계(2005년)는 모든 전문 의약품을 실시한다는 것이었다. 이 방안은 의약 분업 정책에 대한 당시 전문가들의 일반적 견해를 반영하는 것이라 할 수 있다. 그러나 이때는 김영삼 정부의 마지막 해였기에 정부는 이를 추진할 의사가 없었다. 그럼에도 불구하고 위 방안은 차기 김대중 정부의 의약 분업에 대한 논의의 출발점을 제공하는 의미가 있었다. 의약 분업을 실시해야 할 의무가 김대중 정부로 넘어오게 된 것이다.

한편 의료 보험 도입 이후, 의료 보험의 적용을 받는 의료 서비스와 의약품의 '가격' 책정 방식은 시장 가격에서 공정(公定) 가격으로 변화했다. 당시의 가격 결정권자인 보건사회부 보험급여과가 정하는 수가와 약가는 병·의원, 약국, 제약회사의 경영에 중요한 변화를 일으켰다. 그런데 수가와 약가 설정에는 이렇다 할 뚜렷한 근거가 부재했다. 가격 결정의 과학적 근거라면 원가 계산일 텐데 당시의 행정 수준으로는 불가능한 일이었다. 의료 보험 도입 당시, 진료비 지불 제도와 수가 설정 방법은 일본의 예를 많이 참고하였는데, 제도의 원형을 제공했다고 할 일본도 수가 설정에 이렇다 할 과학적 근거가 있는 것은 아니었다.

결국 수가와 약가는 '선의건 악의건' 관료들의 '판단'으로 정해졌고, 의사, 약사, 제약회사 등 이해 집단의 영향에 취약할 수밖에 없는 상황이었다. 1980~90년대 당시의 일을 정확히 판단할 자료는 남아 있지 않지만, 전체적으로 의료 수가는 낮게, 약가는 상당히 높게 설정되었다. 의사들의 로비가 개인이나, 학회를 통해 이루어진 반면, 약가는 규모가 훨씬 큰 제약회사의 로비로 결정되는 상황이 이에 작용했을 것이다. 1981년부터 「의료보험 약가심사위원회」는 「대한제약협회」에 설치되어 있었으며, 서류 심사로 약가를 결정했다. 의사들이 수가를 높이 정하고자 하는 것은 당연하지만, 제약사들은 무작정 제품 가격을 높이면 매출이 줄어들 위험이 있다. 그러나 제약회사들은 자사의 제품 가격이 최대한 높이 정해지도록 적극적으로 노력했다. 이유는 소위 '약가 차액'에 있었다.

제약회사가 병·의원에 파는 생산재로서의 의약품은 실제로는 의료 보험의 공정 가격이 아닌 시장 가격으로 매매되었다. 이를 '실거래가'라고 한다. 그러나 진료 후 병·의원은 진료에 사용한 의약품의 비용을 '보험 약가'로 신청하여 의료 보험에서 상환받았다. 의료 기관으로서는 실거래가와 보험 약가의 차액이 '약가 차액'으로 남게 된다. 따라서 제약회사는 보험 약가를 최대한 높여 놓아야 병원의 선택을 많이 받을 수 있게 되는 것이다. 문제는 제약회사가 의료 기관에 의약품을 납품할 때는 반드시 실거래가가 아닌 보험 약가에 따르도록 법이 규정했고, 그 이유는 의료 기관이 약을 남용할 동기를 주지 않기 위해서였다.

의료 보험이 없던 시절에는 의료 기관(공급자)이 제약회사에 약(재료)을 사서 환자(수요자)에게 일정한 이윤이 더해진 약값을 진료비에 포함하여 받는 일이 자연스럽고 합법적이었다. 그러나 의료 보험 이후에는 이것이 불법화되었다. 제약회사가 의료 기관에 약을 보험약가보다 싸게 파는 방식은 공식적인 계약서는 보험 약가로 작성하고, 실제로는 값을 적게 받든지(할인), 또는 물건을 덤으로 더 얹어주는 것(이른바 '할증')이었다. 모두 불법적인 일이었고, 이를 통틀어 소위 '리베이트'라고 했다. 법적으로는 불법이었지만, 모든 의료 기관과 제약회사가 피해 갈 수 없는 일이었기 때문에 실제로는 '재정 기제'의 성격을 가지고 있었다. 만일 정부에서 의보 수가와 약가를 –물론 당시로서는 어려운 일이었겠지만- 적절하게 책정했더라면 이런 현상은 나타나지 않았을 것이다. 모든 병·의원이 받는 약가 차액의 수입을 '개별적 불법 행위'로 모는 것은 무리가 있고, 정책 실패의 결과로 이해하는 것이 타당했다. 병·의원으로서는 '부적절하게' 낮게 책정된 수가로 인한 손실 부분을 '부적절하게' 높게 책정된 약가를 통해 음성적으로 보상받고 있었던 셈이다.

의료 보험 초기에는 별로 중요하지 않았던 '보험 환자'가 의료 보험의 적용 확대로 점점 늘어감과 동시에 병·의원에서 약가 차액의 중요성도 커지게 되었다. 지역 의보 도입 직전 의료 보험 가입률이 대략 절반이었고 의료비의 절반 정도를 의료 보험이 보장해 주고 있었으니, 1980년대 중반 병·의원의 종수입에서 의료 보험 진료비의 비중은 1/4쯤이었을 것이다. 그러나 전 국민 의료 보험이 실시되자 그 비중은 1/2로 급증했다. 1989년 약국 의료 보험이 적용되자 이 상황은 약국에서도 반복되었다.

김대중 정부가 들어선 것은 전 국민 의료 보험 적용 후 10여 년이 지난 시점이고, 이 구조는 의료 체계 속에 깊이 뿌리를 내리고 있었다. 이런 내부적인 변화 때문에 '약'이 가지는 정치적, 경제적 의미는 크게 변해 있었다. 의약 분업은 의료 보험 도입 이전인 1970년대나, '목포 의약분업 시범사업'을 시도하던 1980년대 초반은 물론이고, 1988년의 의약 분업 논의와도 아주 다른 정치·경제학적 이해관계를 가지게 되었던 것이다. 약가 차액은 병·의원 수입에서 약 30% 정도

를 차지하는 비중으로 커져 있었다.[27]

김대중 정부의 의약 분업은 이런 사정을 충분히 이해하지 못한 채 위험한 출발을 하게 되었다.

<표 3-3> 김대중 정부 이전 의약 분업의 주요 일지

| 일자 | 주요 사건 |
|---|---|
| 1953.12.18. | 「약사법」 제정, 의약 분업 규정 명시 |
| 1982~1985 | 의약 분업 시범 사업(목포) |
| 1988.4. | '전국민의료보험실행위원회' 전 국민 의료 보험 앞두고 의약 분업 모색 |
| 1993~1996 | 한약 분쟁 |
| 1993.7.1. | '약사법개정추진위원회 및 한의학발전위원회' 발족, 한약사 제도 신설 |
| 1994.1.7. | 「약사법」 개정, 의약 분업 실시 시한을 1997.7.~1999.7.로 규정 |
| 1996.11. | '의료개혁위원회' 발족, 3단계 의약 분업 실시 방안 제시 |

### 2) 김대중 정부의 의약 분업 추진

#### 제1단계 의약 분업추진협의회 주도 활동

의약 분업은 의보 통합과 마찬가지로 김대중 후보의 대선 공약이었으며, 새 정부의 100대 국정 과제 중 하나였다. 이에 따라 보건복지부는 1998년 5월 「의약분업추진협의회(분추협)」를 구성하고 논의를 시작했다. 「의료보험통합추진기획단」이 3월에 출범한 데 비하면 약간 늦어진 셈이다. 기일이 정해져 있지 않은 의보 통합과 달리 의약 분업은 1999년 7월 1일로 실시 시기가 약사법에 명시되어 있는 사

27 원희목. 2004.『새로운 시작을 위하여』. 조윤커뮤니케이션. p.98~99.

업이었다. 그러나 이미 여러 차례 연기된 경험이 있어 정말 실시될 것인지를 아무도 확신하지 못하고 있었다. 또다시 연기할 것이라는 전망이 훨씬 우세했다. 의보 통합만큼 사회적 논의가 많지 않았고, 제도 모형의 윤곽이 잡혀 있지도 않았다. 더욱이 의약 분업이 실시되면 환자들이 의원과 약국을 오가야 하는 불편을 겪을 것도 큰 문제였다.

분추협은 1998년 8월 의약 분업 모형을 결정했다. 그 내용은 ① 분업 대상 의약품은 주사제를 제외한 전문 의약품으로 하고, ② 외래 환자에 대해 처방전 발행을 의무화하되 병원급 이상에서는 환자가 원내·원외 조제를 선택하도록 하며,[28] ③ 처방 방식은 일반명과 상품명을 모두 사용할 수 있게[29] 하는 것이었다. 동시에 ④ 의약품 분류 초안을 만들고[30] ⑤ '의약품 물류 조합'을 설립하여 유통을 담당하게 하며, ⑥ 의료 보험자는 진료비는 의료 제공자에게 지불하되, 약품비는 실거래가를 제약회사에 직불한다는 구상을 제시했다. 김대중 대통령은 4월 "의약품 비리를 척결하라."라는 지시를 이미 복지부에 내린 바 있었다. '약가 차액'의 중요성을 잘 알고 있었던 복지부도 의

28 그때까지 병원들은 자체의 원내 의사-원내 약사 간에 처방-조제 관계를 맺으면 되는 '직능 분업'을 당연시하고 있었다. 이렇게 될 경우, 의원의 환자는 의원-약국을 경유해야 하지만, 병원의 환자는 원내에서 조제가 가능해진다. 의원 의사들은 병원으로 환자가 몰릴 것을 매우 위협적으로 받아들였다. 의원과 약국은 모든 의료 기관이 외래 환자에 대해서는 외부 약국의 약사에게 처방을 발행해야 하는 '기관 분업'을 선호했다.

29 '일반명' 처방을 의무화하면 의사는 성분명으로 처방하고, 약사가 상품을 정해서 조제한다. '상품명' 처방으로 하면 약사는 의사가 지정한 상품으로 조제해야 한다. 즉, 의사와 약사의 권한이 달라지게 된다.

30 '전문 의약품'은 의사의 처방이 있어야 조제할 수 있고, '일반 의약품'은 약사가 임의로 판매할 수 있다. '의약품 분류'는 의사와 약사의 의약품 '결정 권한'의 크기를 배분하는 의미가 있다. 의사와 약사의 이해관계에서 '분류'는 매우 중요하다.

약 분업 방안에 이를 줄이는 조치를 포함하게 된 것이다. ⑤와 ⑥의 사항은 이전의 의약 분업 방안에서 볼 수 없던 내용이었다. 그러나 '분추협 안'은 끝이 아니라 기나긴 논의의 출발점이었다.

분추협의 논의가 진행되자 의료계에서는 의약 분업에 대한 반대가 커지게 되었다. 특히 약을 많이 사용하는 소아과, 내과, 정신과 등이 반대의 중심에 섰다. 반면, 약계는 내부의 반대를 정리해 가며 찬성으로 방향을 정하고 세부 사항에 관심을 기울였다. 더욱 완전한 의약 분업을 지향하던 시민 사회에서는 분추협 방안이 미흡하다는 비판을 제기하면서, 과다한 '약가 차액'의 해소가 의약 분업의 핵심적 관건이라는 점을 인식해 가고 있었다. 참여연대가 11월 의약품에 끼어 있는 '의보 약가 차액'의 조사 결과를 발표하고, 이를 언론이 대대적으로 보도했다. 정부도 과다하게 책정된 보험 약가를 인하하고, 이를 수가로 전환하여 의료 기관의 '음성적' 수입을 '양성화'하는 방안을 추진하지 않을 수 없게 되었다.

### 제2단계 시민 단체 주도 활동

김대중 대통령이 1998년 12월 새정치국민회의 지도부에게 "의약 분업 문제를 당이 주도하여 잘 추진하라."라고 지시하자, 당이 적극적으로 나서게 되었다. 당의 「보건의료 효율화 및 선진화 정책기획단」의 부위원장이던 김용익 서울의대 교수가 의계와 약계의 중재를 맡아 다음 해 2월 초 최종안을 마련했다. 의약 분업 모형의 요지는 ① 분업 대상 기관은 모든 의료 기관, ② 분업 대상 의약품은 모든 전문 의약품(주사제는 1년 유예), ③ 처방 방식은 일반명과 상품명을 병용하되, 지역별로 상용할 의약품과 대체 조제 의약품을 선정, ④ 일반 의약품 판매 시 갑에 포장된 상태로 판매하는 것(실시는 1년 유예)[31] 등이었고, 이 방안에 의협과 약사회가 합의하면 시행 시기는 1년 연기한다는 것이 주된 내용이었다. 이 방안은 의사협회의 최종 동의를 받지 못했지만, 이후 의약 분업 논의에서 중요한 참고 자료가 되었다. 결국 당은 양 협회가 '시민 사회 단체와 협조하여 2개월 이내에 합의'를 약속하는 조건으로 의약 분업을 1년 연기할 수 있다는 방침을 정했다. 이어지는 국회의 논의에서 정부는 "합의가 불발될 경우, 분추협 방안으로 실시한다."라는 조건을 내걸었다. 이에 각 당사자가 동의하여 새로운 시행 시한을 2000년 7월 1일로 변경하는 약사법이 3월에 개정되었다. 이제 의협과 약사회는 기존의 '분추협안'으로 할 것인지, 시민 단체와 협의하여 '새 방안'을 합의할 것인지 양자택일을 해야 할 상황이 되었다.

31 일반 의약품을 개봉하지 않고 갑 채로 판매하게 한 이유는 첫째, 환자가 약의 이름을 알고 사용설명서를 받아 볼 소비자 권리를 보장하고, 둘째, 약사의 임의조제를 방지하기 위한 것이다. 알약을 PTP 또는 foil로 포장한 것을 '포장'으로 인정할 것인지가 문제였는데 '포장'으로 인정하되 각 알약 포장마다 명칭과 식별코드를 인쇄하여 알 권리를 보장하도록 했다. PTP 포장은 딱딱한 판에 알약을 10알 정도 배치해 놓은 것이고, foil 포장은 비슷한 방식으로 포장하되 은박지를 사용한 것이다. 이들은 습기를 막아 주기 위해 개발되었다. 한두 판 정도를 사용 설명서와 함께 갑에 넣어 판매하는 것이 보통이다. 약사들은 갑을 열어 몇 알씩 나누어 팔 수 있는 '낱알 판매'를 원했으나, 의사들은 그렇게 하면 임의조제의 위험성이 있다고 보고 반대했다.

시민 단체들은 「의약 분업 실현을 위한 시민대책위원회(시민대책위)」를 구성하고 활동을 시작했다.[32] 시민대책위원회는 의협, 약사회와 지속해서 협의하면서 합의를 추진했다. 지난 2월의 협의안을 기초로 대체 조제 시의 절차, 주사제 포함과 제외의 범위, 임의 조제 방지 대책, 의약품 분류의 기준 설정, 약효 동등성 인정 방법 등, 훨씬 구체적인 문제로 논의가 발전하게 되었다. 의약 분업의 세부 모형뿐 아니라 실현 방법, 그리고 의·약사, 보건복지부, 식품의약품안전청이 해야 할 임무까지 상세하게 규정했다. 약사회는 일찍이 찬성하고, 의협은 긴 내부 논의로 난항을 겪다가 결국 동의하게 되어, 5월 10일 양 단체는 극적으로 '합의안'을 발표하게 되었다. 국가적으로 중요한 정책이 사회적 합의의 방식으로 결정된 특별한 사례라고 할 수 있다. 언론이 대대적으로 보도하고, 의약 분업은 중대한 전기를 맞이하게 되었다. '5.10 합의'는 그 이후 의약 분업 논의의 기준으로 사용되었다.

보건복지부도 즉시 이에 동의하여 6월 「의약 분업 실행위원회(실행위원회)」를 출발시켰다. 3개월여의 짧은 기간에 '5.10 합의'는 시행령, 시행 규칙 수준으로 구체화되었다. 그러나 9월 실행위원회의 최종 단계에서 의협이 미비점들을 지적하면서 퇴장했다. 의협의 반발은 '5.10 합의'로부터 의료계가 이탈하기 시작한 첫 신호였다. 내부의 반발로 인해 태도가 변하기 시작한 것이다. 의협은 의약 분업

32 참여연대, 경실련, 서울 YMCA, 한국소비자연맹, 녹색소비자연대 등 5개 시민·소비자 단체가 전면에 나서고, 인도주의실천의사협의회, 건강 사회를 위한 약사회 등 보건 의료 단체가 뒷받침하는 구조로 되어 있었다. 총 12개 단체가 참여했다. 시민 사회 단체들의 협조 구조는 이미 그 전해인 1998년 가을부터 작동하고 있었다.

논의 초기부터 내부 합의를 만드는 데 난항을 겪고 있었다. 이는 의협이 개원의, 봉직의, 전공의 등으로 다양하게 구성되어 있고, 개원의들도 많은 전문 과목이 있어 서로 다른 이해관계를 가지고 있었기 때문이다. 이로 인해 합치된 의견을 만들기가 구조적으로 쉽지 않았다. 약사회가 개국 약사를 중심으로 하여 비교적 동질적인 집단으로 구성된 것과는 차이가 크다.

1998년 12월 시민 단체들이 '약가 차액' 문제를 제기하자 수가-약가를 연동 조정하기 위한 노력이 곧 시작되었다. 「수가-약가 간담회」를 구성했는데, 기본 방향은 과다하게 높은 약가를 적정하게 인하하고, 그 절감액에 해당하는 만큼 의료 수가를 인상해 주는 것이었다. 아울러 진료비에 대한 환자의 알 권리를 제고하고, 병원의 경영 투명성을 높이기 위해 병원 회계 제도를 개선하는 논의도 진행되었다. 그런데 그 결과로 보험 약가를 30.7% 인하하고, 수가를 12.8% 인상하면서 향후 「의약품 실거래가 상환제」를 실시한다는 내용을 11월 정부가 발표하자 의료계는 크게 분노했다. 총액에서는 약가-수가의 등가 교환이 맞다고 하더라도, 내과나 소아과처럼 약을 많이 쓰는 의원과 안과처럼 약을 적게 쓰는 의원의 이해관계는 전혀 달랐다. 약을 많이 쓰는 전문 과목에는 약가 인하분을 많이 보전해 주어야 하는데 모든 병·의원에 균일하게 적용되는 경직된 수가 제도에서 그런 융통성 있는 조치가 불가능했다. 결국 의약 분업을 가장 우려했던 내과, 외과, 가정의학과 등의 의사들이 크게 자극받았고, 그간 각종 정부 정책에 대해 응축되어 있던 울분을 쏟아 내면서 분노가 전체 의사들에게 번져 나갔다.

### 제3단계 의사들의 저항

1999년 11월 30일 장충체육관에서 열린 의료계 대규모 집회는 그 후 1년여 동안 지속된 의사들의 극한적 저항의 시작이었다. 대외적으로 사실상 의약 분업 반대로 입장을 선회하게 되었고, 대내적으로는 「의권쟁취투쟁위원회(의쟁투)」가 구성되어 정부에 협조적이던 지도부를 불신임하게 되었다. 2월에는 임의 조제 금지, 약화 사고 대책, 수가제도 개편, 시범사업 후 의약분업 실시 등을 요구하며 3.8만 명의 의사가 하루 '휴진'을 하면서 여의도 광장에서 집회를 열었다. 이를 후에 '1차 파업'이라 불렀다.

정부는 의약품 분류 결과를 발표하는 등 의약 분업 시행의 준비 작업을 계속하는 한편, 2000년 4월 초에는 수가를 6% 추가 인상하였다. 이는 전년 11월의 약가-수가 조정을 보완하는 조치였다. 3월부터 예고하던 '2차 파업'이 구체화되어 가자, 복지부가 대통령 면담을 주선했다. '선보완 후실시'를 요구하는 의료계 대표들에게 대통령은 "대화를 통한 해결"을 당부하고, 다음날에는 약사회를 면담했다. 이 면담 후 파업 여부로 혼란을 겪던 의료계는 결국 4월 파업에 들어갔다. 전국적으로 많은 의원과 전공의들이 파업에 참여하고, 교수들도 동조했다. 이에 약사회와 시민 단체들이 반발했다.

파업이 가라앉자, 대통령은 차흥봉 복지부 장관을 불러 "의약 분업은 다들 싫어하고 불편한 제도이지만 국민 건강을 위해 좋은 제도이다. 어떠한 어려움이 있어도 꼭 해야 한다."라고 당부하면서 "1) 5.10 합의의 원칙을 지키고 절대 흔들리지 말 것, 2) 대화로 해결하되 의료계와 합의할 때는 약계의 반응도 같이 생각할 것, 3) 의약 분업 후에도 의·약계가 경제적으로 손해 보지 않게 할 것, 4) 국민 불편을 주는 것이니 국민에게 이익이 돌아가는 점을 홍보할 것" 등을 지시했다.[33] 김대중 대통령은 이후에도 "당대에 어려움 때문에 비난을 받더라도 이에 구애받지 않고 훗날 역사의 평가를 받겠다."라고 여러 번 언급했다.

4월 정기 총회를 거쳐 새 회장단과 의쟁투를 구성한 의협은 투쟁 기조를 대폭 강화했다. 7월 1일 의약 분업 실시를 목전에 둔 6월 20일의 '3차 파업'이 기획되었다. 이를 결의하기 위해 6월 초 과천 정부 청사 앞에서 다시 3만여 명의 집회를 개최했다. 여기에는 개원의뿐 아니라 전공의와 학생들도 대거 참여했다. 의대 교수들도 파업 참여를 결의했다.

정부는 실시 준비를 계속하고 있었다. 5월에는 의약 분업 실시 준비의 기본이라고 할 '의약품 분류' 결과를 발표했다. 전문 의약품 61.5%, 일반 의약품 38.5%의 비율이었다. 6월에는 의약 분업 이후 적용될 의사 처방료와 약사 조제료의 조정을 목적으로 한 의료 보험 수가 9.2% 인상안을 발표했다. 이는 처방과 조제가 분리되는 데 따른 조치였다.

6월 20일 의료계는 '3차 파업'을 감행했다. 의원뿐 아니라 병원 외래까지 전국의 의료 기관이 참여하여 6일간 진행되었다. 그해 6번

33 차흥봉. 2006.『의약 분업 정책과정』, 아산재단 연구총서 205권, 집문당, p.264.

에 걸쳐 일어난 파업 중 최대 규모의 파업이었다. 언론에서는 "의료 대란"이라고 불렀다. 첫날부터 의원과 전공의가 파업하고, 의대생은 동맹 휴학했다. 둘째 날 대구 의사회 간부가 업무 방해 혐의로 구속되었다. 셋째 날에는 의대 교수들이 사퇴서를 제출했다. 최고조에 달한 이날 파업에 전국 의원의 87.4%가 참여했다.

5일째 되던 6월 24일 이회창 한나라당 대표가 영수 회담을 제의하고, 오후 3시 청와대에서 긴급 영수 회담이 열렸다. 이회창 대표는 6개월 연기, 시범 사업 실시, 약사법 개정을 제안했다. 대통령은 이에 대해 연기와 시범 사업은 불가하다고 못을 박고, 약사법 개정은 융통성 있게 수용할 뜻을 밝혔다. 이 회담은 의료 대란의 절정, 곧 의약 분업 추진이 무산될 수도 있는 위기에서 벌어진 최고위급 협상이었고, 의약 분업 추진에서 결정적 분기점이라 할 수 있다. 다음날, 의협은 파업 철회 여부를 투표에 부쳤고, 근소한 차이로 파업 중단이 가결되었다.

### *제4단계 의약 분업의 실시와 의·약의 대립*

영수 회담 후 7일 만인 2000년 7월 1일 의약 분업이 실시되었다. 1953년 약사법 제정 47년 만의 일이다. 그러나 6월 27일 있었던 국무회의에서 7월 한 달은 계도 기간으로 하고, 8월 1일부터 실제 실시하기로 한 상태였다. 영수 회담으로 분업 시행이 확실해진 후에야 제약사와 약국이 약 준비를 본격화하기 시작했다. 8월 초 실시된 점검에서 약국의 66.1%만이 처방약 준비를 완료한 상태였다고 한다.[34] 최후의 순간까지도 의약 분업이 정말 실현될 것이라는 확신이 얼마나 없었는지 알 수 있다.

영수 회담에서 결정된 '의약 분업 모형의 수정'을 둘러싸고 의사와 약사 간의 대립은 의약 분업이 실시된 이후에 오히려 더 치열해졌다. 의약 분업이 실제 시작된 8월 1일부터 전공의와 의원들이 다시 파업에 들어갔다. 그러자 사법 당국은 서울시의사회장, 의쟁투 위원장과 간부들을 검거했다. 의협회장은 이미 7월 초 구속된 상태였다. 이 시기부터 의료계 '투쟁'의 주도권을 전공의가 잡게 된다. 전공의들은 '3차 파업' 때부터 적극적으로 참여하기 시작했는데, 7월에 「전국병원전공의대표자회의」의 집행부가 개편되면서 강경파가 주도하고 있었다.

8월 7일 개각으로 복지부 장관이 바뀌었으나, 11일부터 본격적인 '4차 파업'이 시작되었다. 의원과 수련 병원의 각 60%가 참여했다. 그러나 파업 동력이 빠르게 줄어들어 17일에는 의원의 19%만 참여했다. 정부는 지난 7월 초 구속되었던 김재정 의협회장을 18일 보석으로 석방하고, 신임 최선정 장관은 다양한 설득 노력을 진행했다. 8월 31일 의료계는 보라매공원에서 4만 명의 집회를 열었다. 9월 1일에 재진 진찰료, 원외 처방료 등 병·의원 관련 수가의 6.5% 인상을 단행했다.

9월 15일부터 다시 '5차 파업'이 3일간 계속되었으나 호응도는 매

34 차흥봉. 2006. 앞의 책, p.313.

우 낮아졌다. 18일 의원의 파업 참가율은 0.5%에 불과하고 전공의만 76.6%를 유지했다. 복지부 장관이 9월 24일 의료계에 유감을 표시하고 '의·정 대화'가 시작되자 약사회의 반발이 거세졌다. 의약 분업 실시 이후, 약사들은 의사와의 갈등, 약 구비의 어려움, 병원 앞의 소위 '문전(門前) 약국'에 처방이 집중되는 현상 등으로 내부 불만이 극심한 상황이었다. 여기에, 분출하는 의협의 각종 수정 요구에 약사회는 큰 위기감을 느꼈다. 정부는 10월 5일부터 '약·정 대화'를 병행했다.

의·정, 약·정 대화가 본격화하자 의료계는 압력을 가하기 위해 10월 6일부터 10일까지 '6차 파업'을 감행했다. 의대와 약대 학생들도 강하게 대립했다. 파업 참여율은 높았으나 사회적 영향력은 현저하게 축소되었다. 파업이 종료되자 정부는 의쟁투 위원장을 석방해서 대화 분위기를 조성했다.

### 제5단계 분업 모형의 최종 합의

10월 31일에 「의·약·정 협의회」가 구성되어 3자 협의가 시작되었다. 의·정, 약·정 대화를 각각 진행하다가 드디어 3자가 마주 앉게 된 것이다. 선행된 2개의 양자 협상이 바탕에 있었기 때문에 일단 3자 대화가 시작되자 진행은 매우 빨랐다. 11일 동안 6번의 회의를 거쳐 11월 10일, 27개 사항에 대한 합의가 이루어졌다.

이 합의에서 우선 가장 중요한 점은 의약 분업 실시를 '재확인'한 것이다. 1999년 말부터 시작된 의사들의 저항이 사실상 의약 분업의 폐기를 의도한 것이었기 때문에 이 결정의 의미가 작다고 할 수 없다. '5.10 합의' 모형에서 변경된 부분은 1) 대체 조제의 엄격한 제한(의사의 사전 동의 등), 2) 임의 조제의 가능성 차단(PTP, foil 포장의 낱알 판매 금지, 조제 기록부 작성 등), 3) 지역별 처방약 목록 작성의 구체화 등이었다. '주사제의 제외' 여부는 미합의 사항이었고, '의약품 분류'는 2001년 6월 말까지 재분류의 가능성을 열어 두었다. 덧붙여 의대 정원의 10% 감축, 지역 의보 지원금 40%까지 확대, 약효 동등성을 확대하기 위한 생물학적 동등성 검사 시행 방안 등도 포함되어 있었다. 전체적으로 의료계의 요구가 상당 부분 반영된 결과였다. 이 합의안에 대해 약사회는 12월 1일, 의협은 9일 각각 임시 대의원 총회에서 가결하였다.

이 합의안에 대한 약사법 개정안이 마련되어 국회로 넘어가고 2001년 1월「약사법 개정 소위원회」가 주사제를 제외하기로 하자 다시 파장이 일어났다. 약사회가 집회와 농성, 단식 투쟁으로 저항했다. 약사법 개정안은 마침내 7월 18일 국회 본회의를 통과했다. 그 이후에도 의약품 분류, 처방전 서식 등을 두고 대립이 계속되었다. 또한 의약 분업 실시 이후 실제 일어난 의사의 처방, 약사의 조제 실태를 두고도 쌍방의 비난이 김대중 정부의 끝을 넘어 계속되었다. 그러나 김대중 정부가 만든 의약 분업 모형은 그 후 큰 변화 없이 지금까지 지속되고 있다.

<표 3-4> 김대중 정부의 의약 분업 추진 일지

| 일자 | 주요 사건 |
|---|---|
| 1998.5.21. | '의약 분업추진협의회(분추협)' 구성, 1999.7.1. 의약 분업 실시 목표 |
| 1998.8.24. | 분추협 의약 분업 시행안 확정('분추협 안') |
| 1999.2.24. | 의협, 약사회, 병협 의약 분업 실시 2000.12.31.까지 연기 건의 |
| 1999.3.9. | 의약 분업 실시 시기 1년 연기 「약사법」 개정안 국회 통과 |
| 1999.5.10. | 의협, 약사회, 시민 단체 의약 분업 시행 방안 합의('5.10 합의안') |
| 1999.6.23. | '의약 분업실행위원회(실행위원회)' 구성 |
| 1999.9.17. | 의협, 실행위원회에서 퇴장 |
| 1999.11.15. | 의약품 실거래가 상환제 시행 발표 |
| 1999.11.30. | 장충체육관에서 '올바른 분업 쟁취를 위한 범의료계 결의대회' 개최 |
| 1999.12.21. | '의권쟁취투쟁위원회(의쟁투)' 발족 |
| 2000.2.22. | '의약 분업 실현을 위한 시민대책위원회' 발족 |
| 2000.2.27. | 의료계 1차 파업. 여의도 광장 집회 |
| 2000.3.29. | 의료계 대표 대통령 면담 |
| 2000.3.30. | 약계 대표 대통령 면담 |
| 2000.4.4~6. | 2차 파업 |
| 2000.6.20~25. | 3차 파업. "의료 대란" |
| 2000.6.24. | 긴급 영수 회담. 분업 연기 불가, 모형 수정 수용 |
| 2000.6.27. | 국무회의. 7월을 계도 기간으로 결정 |
| 2000.7.1. | 의약 분업 실시 |
| 2000.8.11~17. | 4차 파업 |
| 2000.9.15~18. | 5차 파업 |
| 2000.9.1. | 복지부 건보 수가 6.5% 인상 발표 |
| 2000.9.26. | 의·정 대화 시작, 10월 24일까지 25회 협상 |
| 2000.10.5. | 약·정 대화 시작, 10월 30일까지 7회 협상 |
| 2000.10.6~10. | 6차 파업 |
| 2000.10.31. | 의·약·정 대화 시작 |
| 2000.11.11. | 의·약·정 합의 결과 발표('의·약·정 합의안') |
| 2001.7.18. | 「약사법」 개정안 국회 통과 |

### 3) 평가

김대중 정부의 의약 분업은 그 당시까지 논의되던 여러 모형 가운데 가장 전면적이고 엄격한 형태였다. 서양 의학 분야의 모든 보건 의료 기관과 주사제를 제외한 모든 전문 의약품이 분업 대상에 해당하며, 법으로 규정한 의무적 분업이다. 1998년부터 2001년까지 약 3년에 걸친 긴 논의 끝에 '합의'된 것이고, 이때 결정된 모형은 지금까지 큰 수정 없이 시행되고 있다.

의약 분업이 이룬 가장 중요한 성과는 당연히 의사와 약사의 직능을 분화한 것이다. 의약 분업 이전에 의사와 약사는 모두 처방도 하고 조제도 할 수 있었다. 이후에 의사는 처방만 하고, 약사는 조제만 하게 되었다. 소위 "진료는 의사에게 약은 약사에게"가 실현된 것이다. 아주 간단한 원칙이지만 이것이 가지는 의미는 엄청나다.

의약 분업 이전에는 결핵 환자도, 당뇨병, 고혈압, 신경통 환자도 약국에서 결핵약, 항생제, 스테로이드 등 위험한 전문약을 살 수 있었다. 그러나 의·약이 분업되자 이런 환자들이 모두 일단 의사에게 진단을 먼저 받아야 전문 의약품을 구할 수 있게 되었다. 추정컨대 이런 환자는 적어도 수십만에 달했을 것이다. 김대중 정부는 의약 분업으로 전무후무한 규모의 '보건 사업'을 실시한 셈이다. 이런 방식의 의약품 오남용 방지는 즉각적으로 효과를 보았다.

의원은 물론이고 중소 병원에서 약을 쓰는 수준이 크게 향상되었다. 이전에는 약을 다양하게 쓰는 의원이나 중소 병원이라도 약의 가짓수는 100개 정도를 넘지 않았다. 특별한 경우가 아니면 보유하고 있는 약품 중에서 처방했다. 분업 후에는 환자의 증상에 따라 다양한 약을 처방할 수 있게 되고, 약국은 주변 의원들이 처방하는 약을 갖추게 되었다. 의사는 공개되는 처방에 신경을 쓰게 되고, 약사는 정확한 조제와 복약 지도에 노력하게 되었다. 처방전의 모양은 같아도 내용이 훨씬 좋아진 것이다. 처음에는 어색하던 처방의 상호 점검도 점점 가능하게 되었다.

이런 효과는 의약 분업의 시행과 거의 동시에 일어난 것이지만, 분업의 효과로 흔히 거론되던 불필요한 의약품의 사용 감소 등은 상당한 시간이 필요했다. 행태 변화에 분업은 필요조건이지 충분조건은 아니기 때문이다. 의약 분업 이후 처방 및 조제 행태에 관한 연구는 대체로 처방 약제의 가짓수, 항생제, 주사제 처방 등이 줄어들기 시작했다는 보고가 많았다.[35] 20여 년이 지나 최근의 자료를 보면 2002년에서 2019년 사이에 전체 상병에 대한 항생제 처방률은 42.4%→19.6%로, 감기에 대한 항생제 처방률은 73.3%→38.3%로, 주사제 처방률은 38.6%→15.1%로 크게 줄어들었다.[36] 그러나 처방건당 약 품목 수는 4.32%에서 3.67로 많이 줄지 않아서 서구에 비하면 여전히 높은 수준이다. 분업 자체도 중요했지만, 그 과정의 논쟁을 통해 "주사를 맞아야 치료를 받은 것 같다."라는 식의 생각이 변화하는

35 장선미 등. 2002. 「의약 분업제도 성과분석 및 개선방안 -환자 및 의료공급의 행태변화를 중심으로-」. 보건사회연구원. pp.59~65.

36 건강보험심사평가원. 2020. 「2019년 약제 급여 적정성 평가」. p.5, p.9 및 p.17. '약제 급여 적정성 평가'는 2022년까지의 자료가 있으나, 2019년 이후의 자료는 COVID 19의 대유행으로 경시적 비교에 적합하지 않다는 것이 전문가들의 의견이다.

교육 효과를 크게 거두었다고 볼 수도 있다. 요인이 무엇이든 주사제, 항생제, 스테로이드 등을 조심스럽게 사용하게 된 것은 분명하다.

의약 분업이 약제비의 절감 효과를 얼마나 거두었는지는 판단할 만한 자료가 많지 않다. 건강 보험의 진료비 대비 약제비 비중은 2002년 25.19%에서[37] 2008년 29.64%까지 증가하였다가 2019년 24.08%로 줄었다.[38] 약제비의 증감은 인구 구조의 변동, 환자 구성의 변화, 처방약의 선택 등 다양한 요인에 의해 영향을 받기 때문에 분업 효과를 골라내기란 쉽지 않다. 그러나 분업 이후 의사들이 국내산의 저렴한 '복제 의약품'보다는 값비싼 '오리지널' 제품을 선호하게 된 것은 사실이다. 시간이 지나서 이제 국내 복제약의 품질이 향상되고 약효 동등성도 입증되어 활용할 만한 복제약이 늘어났음에도 상황은 변하지 않았다. '5.10 합의' 모형과 '의·약·정 최종 합의' 모형의 가장 큰 차이는 '대체 조제-성분명 처방'이 사실상 배제된 부분에 있다. 지역별 의약품 목록을 의·약이 합의하여 만든다는 조항은 사문화되어 실현된 적이 없다. 약제비 절감의 중요한 기제들이 사라진 것은 아쉬운 일이다.

의약 분업이 이루고자 했던 주요한 변화 중 하나였던 제약 산업과 의약품 유통 체계의 정비가 뒤따르지 못한 것도 '대체 조제-성분명 처방'의 배제와 연관이 있다. 이 요인이 전부는 아닐 것이고 정부와

37 이승미, 장수현, 장선미. 2010. 「약제비 적정화를 위한 사용량 관리 정책 연구」. 건강보험심사평가원. p.8.

38 보건복지부, 2023. 『2022 보건복지백서』. pp.729~730.

업계의 노력이 부족했던 탓도 있겠지만, 좋은 능력을 갖추고 있다고 보기 어려운 제약사나 유통업체가 여전히 난립해 있는 것은 큰 문제이다. 지나치게 많은 허가 의약품의 품목 수도 줄어들지 않고 있다. 이 때문에 약을 잘 관리하고, '싸고 좋은 약'을 사용하여 비용을 효율적으로 사용하기가 쉽지 않다.

1, 2, 3차 의료의 구분이 수직적 기능 분화라면 의약 분업은 외래 환자 진료의 수평적 기능 분화에 해당한다. 수평적 기능 분화는 김대중 정부에서 의약 분업으로 완성되었지만, 수직적 의료 전달 체계는 아직 질서를 잡지 못하고 있다. 의·약 간의 기능 정비가 1, 2, 3차 의료 기관 간의 기능 정비로 이어지지 못하고 있는 것은 매우 안타까운 일이다.

의약 분업을 시행하면서 의사와 약사는 역사적으로 유례가 없을 만큼 치열한 직역 갈등을 겪었다. 그러나 분업이 정착된 이후, 서로를 비난하는 일은 있더라도 이렇다 할 분쟁은 다시 발생하지 않았다. 직역 혼란이 정리되지 않은 간호사-간호조무사 등의 갈등이 지속되는 것과는 대조적이다. 한편, 의약 분업을 시행하면서 가장 크게 우려한 사항 중 하나는 국민이 '불편해'할 것이라는 점이었다. 분업 20년이 지난 2020년의 한 설문 조사에서 응답자의 15.1%만이 "매우 불편" 또는 "대체로 불편"하다고 응답했다.[39] 시간이 지나면서 의약 분업 제도에 익숙해진 것이다.

39 이현옥 2020. "의약 분업 이후 전문직 역할과 국민 인식 변화". 의약 분업 20주년 성과와 과제 심포지엄. 한국보건행정학회 한국보건사회연구원. 2020.7.16. p.41.

## 글을 마치며

김대중 정부는 개혁의 규모와 깊이, 중요성, 난이도의 여러 측면에서 판을 다시 짜는 수준의 보건 의료 개혁을 이루어 냈다. 박정희와 전두환 정부로부터 물려받은 의료 보험을 '분립된 조합형'에서 '일원화된 통합형'으로 전면 개편했다. 전근대적인 혼란상으로 벗어나지 못하고 있던 의·약의 직업적 역할 혼란을 정리했다. 그 자체로 엄청난 중요성이 있지만, 두 개혁은 모두 새로운 발전의 가능성을 크게 열어 놓았다. 그것이 더 중요할 수도 있다.

2000년 7월은 정권의 정확한 중간 시점이었다. 늘 그렇듯 정권의 후반부는 힘이 약해진다. 의보 통합과 의약 분업이 펼쳐야 할 다양한 정책의 전개를 김대중 정부가 충분히 해 낼 수는 없었지만, 다양한 가능성을 열어 놓았다. 그 가능성은 노무현, 박근혜, 문재인 정부의 건강보험 급여 확대로, 거대한 빅 데이터 시스템의 구축으로 이어졌다. 노인 장기 요양 보험은 처음부터 조합식 구성을 고려하지도 않고 통합형의 경로를 따랐다. 의약 분업은 환자의 알 권리를 크게 증진시켰다. 병의원에서 주는 약도, 약국에서 주는 약도 '무엇인지 모르고' 먹던 시절이 지나갔다. '비방'의 시대에서 '공개된 처방'의 시대로 이행했다. 좋은 정책은 스스로 생명력을 가지고 일파만파로 번져 간다.

이 두 가지 개혁이 같은 시기에 이루어졌다는 것은 우연일 수도 있지만, 내적인 연관이 깊기 때문이기도 하다. 의료 보장은 의·약의 직능 혼란을 정리해야 했고, 의약 분업은 의료 보험에서 만들어진 수가-약가의 모순을 해결해야 했다. 두 개혁이 동시 진행되어 저항과 혼란도 증폭되었지만, 역으로 그 효과 또한 증폭되었다.

김대중 정부는 이런 정책을 대통령의 결정으로 만든 것이 아니라 공론의 장을 거쳐 만들었다. 박정희 대통령은 의료 보험 실시를 '지시'했고, 전두환 대통령은 통합 반대를 '결정'했다. 그래서 결단력 있는 지도자라고 보기도 하지만 '1인 체제'의 그림자가 짙다. 김대중 대통령은 의보 통합과 의약 분업에 강한 신념을 가지고 역풍을 막아 주되, 구체적인 내용은 '의보통합추진단'이나 '분추협', '시민단체 협의', 나중에는 '의·약·정 협의'에 맡겼다. 이런 논의와, 심지어 갈등을 통해 '통합'과 '분업'의 내용은 풍부해질 수 있었다.

의보통합과 의약분업은 '정책과정의 대변동'을 일으켰다. 정책이 정부, 국회, 또는 소수의 전문가에 의해서만 결정되는 것이 아니라 사회운동과 전문단체, 경제계와 노동계 등의 참여와 개입, 대화와 갈등의 과정을 통해 이루어질 수 있다는 것을 처음으로 보여 주었다. 1987년의 민주화 운동과 1998년 김대중의 집권이 이를 가능하게 했다. 의견이 다양해지고, 첨예한 대립이 나타나고, 과정도 복잡해졌다. 두 정책의 전체 진행 과정에서 격렬한 갈등은 주로 김대중 정부 시기에 일어났다. 정권으로서는 힘들었겠지만, 그래도 민주화된 시대의 공론은 열매를 맺었다. 그 과정에는 아마도 정치인으로서의 대통령이 감내하기 버거운 어려움도 있었을 것이다.

또 다른 측면을 보면 '의료 보험 통합'과 '의약 분업의 실시'는 강점기 제국주의 일본이 뿌려 놓은 '제도의 경로(path)'로부터 우리나라가 크게 탈출하는 첫 번째 사례였다고 할 수 있다. 일본은 독일에서 의료 보험을 배웠고, 그 방식으로 조직했다. 한국은 1977년 일본으로부터 배웠다. 그러나 1980년대부터 한국은 일본식 사고를 벗어나 전국적 '단일' 보험자라는 새로운 생각을 해 냈다. 1995년 대만이 통합일원화 방식의 '전민(全民)의료보험'을 출발시켰는데, 그 과정에서 그들은 부지런히 일본과 한국으로 오가면서 '조합-통합' 논쟁을 공부하고, 한국의 통합 논리를 채택했다. 메이지유신 때, 일본은 의약 분업을 도입은 하되 실행은 보류하는 결정을 했다. 의약 분업을 할 만한 의사와 약사가 없었기 때문이다. 의사와 약사가 충분해진 후에도 일본은 그 경로를 벗어날 수 없었다. 김대중 정부가 단행한 의약 분업은 일본을 놀라게 했다.

김대중 정부 시기의 경제와 고용 노동 상황을 되돌아보면 의보 통합이나 의약 분업과 같이 저항이 극심한 정책들을 관철한 것은 기적이라고 할 수밖에 없다. 정치적 부담을 피해 가는 방법은 추진을 중단하는 것이었겠지만, 김대중 대통령은 그리하지 않았다. 개혁의 비겁한 포기는 두고두고 사회 발전을 지체시킨다. 이것이 김대중 정부가 역대 다른 정부와 다른 점이다.

# 제4장

# 국민연금 도시 지역 확장과 공적 연금의 공고화

양재진

제4장

# 국민연금 도시 지역 확장과 공적 연금의 공고화

양재진(연세대학교 행정학과 교수)

## 들어가며

한국의 국민연금은 노후 소득 보장 제도의 핵심이다. 2022년 기준 2229만 명이 가입되어 있다. 보험료 납부 대상인 경제 활동 인구로 따지면 2867만 명의 약 80%가 가입되어 있는 것이다. 국민연금이 전 국민 연금이 된 지 25년도 안 되어, 수급권이 없는 노인도 아직 많지만, 그럼에도 불구하고 65세 이상 인구의 47%인 425만 명이 연금을 받고 있다. 현 세대 노인과 달리 젊은 시절부터 국민연금에 가입할 수 있었던 지금의 40대와 50대가 연금을 받기 시작하면 노인 인구의 70% 이상이 국민연금의 혜택을 받게 된다. 2021년 한 해 국민연금 보험료 수입만 51.3조 원이다. 국방비 52조 원에 버금가는 큰 규모다. 향후 베이비부머가 모두 은퇴하여 지출이 본격화되는 2045년경이면 연금 지출액이 한 해 200조 원에 이를 것으로 예상되기도 한다. 이처럼 국민연금은 한 해 100조씩 쓰고 있는 건강 보험과 함께 한국 사회 보장 제도의 중추를 담당한다.

국민연금이 하루아침에 지금과 같은 모습으로 자리 잡은 것은 아니다. 노태우 정부에서 1988년에 10인 이상 사업체 직장인만을 대상으로 시작되었다가, 김영삼 정부 때인 1995년에 농어촌 지역 주민에게 적용이 확대되었다. 이후 1998년 김대중 정부가 들어서고 1999년에 소위 도시 지역 확장을 통해 영세 사업장은 물론, 자영업자까지 소득 활동을 하는 모든 국민을 포괄하는 제도로 발전했다. 전업 주부나 학생 등 비경제 활동 인구도 임의로 가입할 수 있게 되었음은 물론이다. 한마디로 전 국민 연금이 된 것이다.

이때 국민연금의 재정 안정화 조치뿐만이 아니라 재분배 기능이 포함된 부분 소득 비례 연금 그대로 도시 지역으로 확장할 것인지, 아니면 재분배 기능을 담당하는 기초 연금과 순수 소득 비례 연금으로 이원화할 것인지가 논란이 되었다. 이원화된 국민연금의 순수 소득 비례 부분은 향후 민영화가 될 것이라는 우려가 있어 시민 사회의 반대가 제기되었다. 김대중 정부는 김영삼 정부의 이원화안을 배제하고 현 상태대로 일원화안으로 국민연금을 확장했다.

그리고 1997년 외환 위기 국면에서 세계은행의 구조 조정 차관을 받는 조건으로 세계은행은 국민연금을 축소해 기초 연금화하고, 국민연금이 담당하던 소득 비례 연금 기능은 퇴직금을 의무 가입의 사적 연금으로 만들어 대신하게 하는 안을 제시했다. 김대중 정부는 구조 조정 차관의 도입 조건에 맞추어 공·사연금개혁위원회를 가동시켰다. 그러나 국민연금 축소와 사적 연금 중심의 다주체제 연금 개혁을 받아들이지 않고, 현재의 국민연금 체제를 유지시켰다. 1988년 도입 이후 두 차례 구조적 변화를 맞이할 뻔했던 국민연금이 김대중 정부에서 지금과 같은 제도적 모습으로 공고화된 것이다.

김대중 정부 이후 사반세기가 지난 2024년 현재 시점에서 볼 때, 김영삼 정부에서 추진했던 국민연금 이원화안이나, 세계은행이 권고했던 적립형 사적 연금으로의 대체 등도 진지하게 고민하고, 그 취지를 국민연금 개혁에 반영해야 했었다고 본다. 세대 간 소득 이전을 전제로 하는 부과 방식의 국민연금(즉, 생산 인구의 보험료 납부금을 은퇴자의 연금으로 주는 제도)이 저출산 고령화 시대에는 지속되기 쉽지 않기 때문이다. 하지만 개인보다는 국가가 책임지는 노후 소득 보장 제도의 존재는 복지국가의 당연한 책무라는 관점에서 볼 때, 당시 태어난 지 10년 된 국민연금이 크게 흔들리지 않고 지금의 모습대로 제도화될 수 있었던 것은 김대중 정부의 공이라고 할 수 있다.

본 장은 김대중 정부에서 국민연금이 공적 연금으로 공고화되는 과정을 추적하고, 그 의미와 한계를 평가하고자 한다. 이를 위해 먼저 국민연금의 역사를 간략히 소개하고자 한다. 이후 시간의 흐름에 따라 김영삼 정부 시기 논의된 국민연금 이원화 개혁과 김대중 정부의 국민연금 단일화안의 도시 지역 확장을 논하고, 이어서 세계은행의 사적 연금화 시도와 김대중 정부의 대응 순으로 역사를 되짚는다.

마지막으로 저출산 고령화 문제가 심각하게 예상되는 현 시점에서, 김대중 정부 때 공고화된 현 국민연금 제도를 재평가하고 앞으로의 개혁 방향을 간단히 언급하고자 한다.

## 국민연금의 도입과 제도의 특징

한국의 공적 연금 제도는 1960년에 도입된 공무원 연금과 군인 연금에서 그 기원을 찾을 수 있다. 그리고 1975년에 사립학교 교직원 연금(사학 연금)이 더해졌다. 그러나 이들 특수 직역 연금은 문자 그대로 일반 국민을 대상으로 한 것이 아니다. 공공 분야 종사자만을 대상으로 한 것이다. 따라서 한국 공적 연금 제도의 역사는 1988년에 시행된 국민연금 제도로부터 시작되었다고 보는 것이 맞다.

국민연금은 원래 박정희 정부 시절 국민복지연금이라는 이름으로 1974년에 실시하려던 국민복지연금법을 모태로 한다. 박정희 대통령은 1973년에 조세 방식의 기초 연금이 아닌 부과 방식의 사회 보험식 공적 연금 도입을 통해 국민의 미래 노후 소득을 보장하고, 중단기적으로는 적립된 연기금을 중화학공업화에도 활용할 목적으로 국민복지연금법을 제정하였다.

사회 보험이 아닌 기초 연금 방식은 노인들에게 연금을 지급하는데 필요한 만큼 세금을 거둬 지출을 한다. 따라서 적립된 기금이 존재할 수 없다. 그러나 사회 보험은 젊어서 일할 때 보험료를 납부하고, 은퇴 후 연금을 받는 방식이다. 제도 도입 초기에는 많은 생산 연령 인구의 가입자들이 보험료를 내기만 한다. 연금으로 지출되어 나갈 곳이 없으니, 기금이 쌓인다. 보험료 수입의 일부를 활용해 노인들에게 연금으로 지급할 수도 있다. 하지만 그렇다 하여도 당시 산아제한을 할 정도로 인구가 늘어나 보험료를 납부할 사람은 늘어만 가고, 65세 이상 노인 인구가 1970년에 1.8%에 불과했던 사회에서 연기금은 빠른 속도로 쌓이게 되어 있었다. 그래서 이 연기금을 중화학공업화나 SOC 사업(도로나 철도 항만 같은 사회 기반 시설 마련)에 투입하고자 한 것이다.

그러나 1973년 말, 1차 오일 쇼크로 인해 세계적인 경제 불황이 닥쳤다. 수출에 의존하던 한국 기업들은 생존 위기에 처했다. 당연히 사회 보험료 지불 능력도 약화되었다. 기업들의 반대 요구를 들어, 박정희 대통령은 긴급 조치 3호를 통해 국민복지연금의 실시를 무기한 연기하였다.[1]

이후 전두환 정부하에서 1986년 국민복지연금법은 국민연금법으로 재탄생하였다. 국민연금은 1988년에 10인 이상 사업체를 대상으로 드디어 실시되었다. 1992년에는 5인 이상 사업체까지 확대되었고, 1995년에는 김영삼 정부에서 농어촌 지역 주민에게까지 확대되어 지역 가입자를 받기 시작했다. 1999년 김대중 정부에서 도시 지역의 자영자와 5인 미만 사업장 종사자에게로 확대되어 전 국민 연금이 되었다.

---

1 양재진. 2007. "유신체제하 복지연금제도의 형성과 시행유보에 관한 재고찰." 『한국거버넌스학회보』 제14권 1호.

1988년에 시행된 국민연금은 보험료율 3%에 소득 대체율은 70%로, 초저부담-고급여 체제였다. 1974년에 시행 유보되었던 국민복지연금이 보험료율 7%에 소득 대체율 40%였던 것을 감안하면, 민주화운동이 거세던 시기에, 이를 달래기 위한 복지 포퓰리즘적인 정치적 고려가 작용한 것임을 알 수 있다. 현재로서는 이때 형성된 저부담-고급여 체제로 인해, 재정 안정화 개혁이 구조적으로 불가피해졌다.

한편, 국민연금은 순수 소득 비례 연금이 아니다. 기초 연금의 역할을 하는 균등 급여가 포함되어 있어 가입자 간 소득 재분배가 발생하는 구조이다. 이는 소득 파악이 어렵고, 소득을 낮추어 신고하는 자영자 등 지역 가입자에게 직장 가입자의 소득이 이전되는 문제가 발생할 수 있음을 뜻한다. 이 점은 사실 도시 지역 확장 때 노조로부터 커다란 반발을 불러 일으킨 원인이 되었다.

그리고 국민복지연금처럼 가입자로부터 보험료는 거두되, 20년 이상 보험료를 납부해야 연금을 주는 방식을 채택했기에, 제도 초기에는 사실상 연금 지출이 없었다. 계속 연기금만 쌓이는 구조였다. 이 연기금의 운영은 국민연기금운용위원회에서 담당하는데, 위원장은 복지부가 아닌 경제기획원 장관 겸 부총리(현 기획재정부)였고, 연기금은 공공자금관리기금법의 강제 예탁 규정에 의거해 사회 간접 시설(SOC 사업) 건설에 투자되었다. 이자가 지급되기는 했으나, 시중 대출 이자보다 약 1~2%p 정도 낮은 수준이었다. 이 때문에 연기금 운용 수익률을 떨어뜨리는 문제가 있었다.

## 국민연금의 도시 지역 확대

1988년 국민연금이 직장인들에게 적용된 이후 남은 과제는 농어민, 도시 자영자, 그리고 5인 이하 영세 사업장의 근로자에게도 국민연금을 적용하여 보편주의적인 전 국민 연금을 만드는 것이었다. 동시에 '저부담-고급여' 체제를 '적정 부담-적정 급여'로 만들어서 국민연금의 재정적 지속 가능성을 확보하는 일도 과제였다. 1992년 대선에서 공약했던 대로 김영삼 대통령은 1995년에 농어촌 지역 주민에게 국민연금을 확대 적용하였다. 보험료율은 이에 앞서 1993년에 6%로 인상되었다.

농어촌 지역 확대 후, 다음 차례는 도시 지역 자영자와 5인 이하 영세 사업장 근로자에 대한 적용 확대였다. 그러나 이것은 간단한 문제가 아니었다. 도시 지역 확장은 1000만 명에 대한 적용 확대였다. 기존 가입자가 700만 명 수준이었던 것을 감안할 때 쉬운 일이 아니었다. 특히나 국민연금에 내재된 재분배 기능이 대규모 가입자의 통합 운영을 주저하게 만들었다. 소득 파악이 잘되는, 투명한 유리 지갑의 직장인으로부터 소득을 낮춰 신고할 가능성이 큰 자영업자로의 부당한 소득 이전이 우려되었기 때문이다.

아울러 국민연금의 재정 불안정도 큰 문제였다. 국민연금 제도가 기존 체계를 유지하는 한, 노령 연금 급여가 지급되기 시작되는 2008년 이후에는 연금 급여 지출이 급격히 증가하여 2020년에는 당해 연도 재정 수지 적자가 발생하고, 2031년경에는 적립 기금이 완전히 소진될 것으로 전망되었기 때문이다.[2] 제도의 근본적인 개선 없이 기존 가입자 수를 능가하는 1000만 명에 가까운 도시 자영자에게 적용을 확대할 경우, 재정 불안정 문제가 더 크게 확대될 것이 우려되었다.

따라서 국민연금 제도가 시행된 지 불과 10년밖에 경과하지 않았음에도 불구하고, 도시 지역으로 적용을 확대하기 이전에 국민연금에 대한 개혁이 필요하다는 주장이 힘을 얻었다. 단순히 재정 안정화를 위한 모수적 개혁(보험료율 등 조정)에 머물게 아니라, 근본적으로 국민연금을 기초 연금과 소득 비례 연금으로 분리하는 등의 구조적인 제도 개선이 함께 요구되었다. 하지만 시민 단체와 노동계 그리고 보건복지부의 기본 입장은 연금 제도의 안착을 위해 선확대-후개혁이 필요하다는 입장이었다. 특히, 시민 단체와 노동계는 기금 운영의 민주화를 요구하며 차제에 국민연기금운용위원회를 보건복지부가 관리하게 하고, 국민연금 기금의 강제 예탁을 규정한 공공자금관리기금법 제5조 1항의 폐지를 요구하였다.[3]

### *김영삼 정부, 국민연금 이원화 개혁 후 확대 추진*

김영삼 정부는 세계화 정책의 일환으로 1995년 '삶의 질의 세계화'를 선언하고, 세계화추진위원회 산하에 국민복지기획단을 구성

2 국민연금제도개선기획단. 1997. "전국민연금 확대적용에 대비한 국민연금제도 개선: 전국민연금시대를 열기 위한 준비".

3 양재진. 2008. "국민연금제도", 양재진 외, 2008. 『한국의 복지정책결정과정: 역사와 자료』, 서울: 나남.

하여 사회 복지정책 전반에 대한 검토에 들어갔다. 청와대 사회복지수석실 주도로 1997년 6월 국민연금제도개선기획단을 설치하고 개혁안을 마련하여 세 가지 안을 검토하였다.

제1안은 현행 제도의 유지 개선에 초점을 맞춘 것으로, 연금 구조에 대한 개혁 없이 급여 수준을 낮추고 보험료를 인상하는 전통적인 모수적 연금 개혁안이었다. 제3안은 칠레식 완전 민영화안으로 적립형 개인 연금 방식이었다. 제2안은 국민연금을 기초 연금과 소득 비례 연금으로 나누어 2층 구조로 바꾸는 이원화안으로, 최종적으로 김영삼 정부의 연금 개혁안이 되었다.

최종안인 제2안은 당시 70%의 소득 대체율을 40%로 낮추는데, 국민연금에 내재되었던 재분배 기능을 기초 연금이 담당하게 하면서 16% 소득 대체율을 달성하고, 국민연금은 순수 소득 비례 연금으로 전환하면서 나머지 24% 소득 대체율을 담당하게 하는 구조였다(평균 소득자 기준). 그리고 기초 연금의 재정 방식은 세대 간 소득 이전 방식인 부과 방식으로 하고, 순수 소득 비례 연금이 된 국민연금은 적립 방식으로 운용하는 것이었다. 구조적 연금 개혁에 반대하는 시민 단체와 전문가들은 국민연금을 적립 방식으로 운용하겠다는 방침은 장차 영국의 대처 정부가 채택했던 '적용 제외(contracting out)' 방식을 도입하기 위한 사전 조치로 받아들였다.[4] 적용 제외 방식이란 국민연금 가입자가 동일한 수준의 사적 연금에

4 저자와 인터뷰 (김연명, 2000년 3월).

가입하면 국민연금을 탈퇴할 수 있게 선택권을 부여하는 것을 뜻한다. 이는 공적 연금의 점진적 민영화를 의미한다. 이 경우 장차 국가는 작은 규모의 기초 연금만 책임지게 된다.

**<표 4-1> 국민연금제도개선기획단의 개선안과 기존 제도 비교**

<table>
<tr><th colspan="2"></th><th>현행 제도</th><th>제도 개선안</th></tr>
<tr><td colspan="2">기본 구조</td><td>일원형 :<br>균등 부분+소득 비례 부분</td><td>이원형 :<br>기초 연금과 소득 비례 연금으로 이원화</td></tr>
<tr><td colspan="2">적용 대상</td><td>18세 이상 60세 미만 사업장 근로자 및 농어촌 지역 자영자</td><td>도시 지역 자영자 확대 적용</td></tr>
<tr><td colspan="2">보험료</td><td>5년 간격으로 3%에서 9%까지 단계적 조정</td><td>2009년까지 좌동<br>2010~2014년 : 10.90%<br>2015~2020년 : 11.80%<br>2020년 이후 : 12.65%</td></tr>
<tr><td rowspan="3">연금 급여</td><td>소득 대체율</td><td>최하위 20% 계층, 100%<br>최상위 20% 계층, 48%<br>평균 소득 계층 70%</td><td>1988년~개선 이전<br>: 현행 급여산식 적용<br>제도 개선 이후<br>최하위 20% 계층, 77%<br>최상위 20% 계층, 31%<br>평균 소득 계층, 40%<br>(기초 연금 16% + 소득 비례 연금 24%)</td></tr>
<tr><td>수급 연령</td><td>60세</td><td>2013년부터 5년 간격으로 1세씩 상향 조정(65세까지)</td></tr>
<tr><td>최소 가입 연수</td><td>15년</td><td>10년(반환 일시금 제도 원칙적으로 폐지)</td></tr>
<tr><td colspan="2">재정 운영 방식</td><td>수정 적립 방식</td><td>기초 연금: 부과 방식<br>소득 비례 부분: 적립 방식</td></tr>
<tr><td colspan="2">재정 안정</td><td>적립 기금 고갈 2031년 발생</td><td>기초 연금: 2050년 이후 적립 배율 8.3배 계속 유지<br>소득 비례 연금: 2050년 이후 10.7배 계속 유지</td></tr>
</table>

자료: 국민연금관리공단(1998). 『국민연금 10년사』 p.158를 저자가 수정보완함.

### 김대중 정부, 통합 모델로 도시 지역 확대 및 기금 운영의 민주화

1997년 대통령 선거에서 당시 야당인 국민회의의 김대중 후보의 대통령 당선은 국민연금 개혁과 도시 지역 확장 방식에 커다란 변화를 불러왔다. 김영삼 정부에서 추진되었던 연금 개혁 방향은 전면적으로 수정되었다. 복지부는 정권인수위원회에 수차례 보고를 통해, 국민연금제도개선기획단의 이원화 개혁에 대해 분명한 반대 입장을 표명했다. 기획단 안은 급격한 급여 수준의 하락을 꾀하고 있어 대국민 설득이 어렵고, 기초 연금과 소득 비례 부문으로의 이원화가 기술적·행정적으로 어려워 도시 지역으로의 적용 확장이 연기될 수 밖에 없음을 강조했다.

나아가 복지부는 시민 단체의 주장을 받아들여 현행 단층의 공적 연금 구조가 국민의 지지 확보와 소득 계층 간·직종 간 사회 통합에 유리하며, 이원화라는 구조 변화는 도시 자영자로의 적용 확대 이후 장기적인 과제로 검토해야 할 사안이라고 주장했다. 1998년 1월 10일 정권인수위원회는 1998년 중 예정대로 도시 지역에 대한 연금 확대를 추진하기로 하고, 구조적인 제도 개혁은 하지 않는다는 복지부의 건의안을 받아들였다.[5]

급격한 소득 대체율의 하락을 가져오는 기획단 안에 대해, 김대중 정부의 정치적 지지 기반이었던 참여연대 등 시민 단체와 노동계가 강한 반대 의사를 표명한 것도 복지부의 선확대-후개혁 논리를 받아들인 원인이 되었다.

---

5 양성일. 1998. “국민연금제도개선의 정책결정과정에 관한 연구: Allision 모형을 중심으로.” 서울대학교 석사학위논문.

1998년 예정된 국민연금의 도시 지역 확대는 국회 통과가 늦어져 1999년 4월에서야 시행되었다. 시행에 앞서 김영삼 정부에서 추진하였던 구조 개혁은 이루어지지 않았다. 그러나 소득 대체율이 70%에서 60%로 축소되었고, 연금 수급 개시 연령이 2013년부터 점진적으로 60세에서 65세로 인상하는 부분적인 재정 안정화 개혁도 이루어졌다.

김영삼 정부에서는 공식적인 논의의 대상이 아니었던, 소위 '기금 운영의 민주화'도 단행되었다. 과거 재정경제원(구 경제기획원, 현 기획재정부)이 국민연금기금을 공공 자금으로 강제 예탁하던 제도가 폐지되었다. 1996년 말 기준으로 국민연금 운용 기금 21조 6천억 원 중 67.7%에 해당하는 14조 6천억 원이 공공자금관리기금법 제5조 1항에 의해 수익률이 낮은 공공 자금으로 강제 예탁되어 있었다. 이 돈은 SOC 사업 등에 투자되어 경제 개발에 사용되었다. 하지만 공공 부문과 금융 부문 간의 금리 차에 의한 손실액이 누증되어 연금 기금의 부실화를 앞당겨 재정 불안정 요소가 되었다. 1996년 당시 공공 부문의 수익률은 10.3%로, 금융 부문 수익률 11.9%는 물론 정기 예금 수익률 11.8%에도 미치지 못하였다. 공공 부문과 금융 부문의 수익률은 매년 약 2%p 내외의 차이를 보이고 있었던 것이다. 이에 따라 1988년 이후 공공 부문과 금융 부문 금리 차로 인한 기금 손실액이 약 7천억 원으로 추산되었으며, 현재와 같은 방식의 기금 차용이 이루어질 경우 그 규모는 앞으로 더욱 커질 것으로 우려되던 상황이었다.[6]

6 경총, 1997년도 사업보고서, 「국민연금제도 개선에 대한 경영계 의견」

한편, 김대중 정부는 국민연금기금운용위원회장을 재정경제원에서 보건복지부 장관으로 바꾸었다. 또 기금운용위원회에 가입자의 참여를 대폭 확대했다. 기존에는 가입자 대표 3인을 포함해 총 15인이던 것을 노사 각 3인씩 6인, 그리고 지역 가입자 6인 하여 총 12인의 가입자 대표를 포함해 전체 정원을 20인으로 늘렸다. 가입자 대표 우위의 위원회로 바꾼 것이다. 그리고 기금운용위원회 산하에 기금운용본부를 설립하고 전문 펀드 매니저를 채용하여 전문성도 강화하게 하였다.[7]

기금 운영의 민주화는 김대중 대통령 당선으로 인한 정권 교체로 친복지 사회 정책결정 네크워크의 부상이 낳은 결과라 할 수 있다. 시민 단체와 노조가 요구하는 안이었고, 김대중 정부에서 출범한 노사정위원회에서도 권고한 방향이었다. 후술하겠지만, IMF 경제 위기 당시 구조 조정 차관을 제공했던 세계은행이 연기금의 공공 자금 강제 예탁 제도 폐지와 예탁된 자금의 반환을 요구한 것도 큰 영향을 미쳤다.

### *전 국민 연금의 시행*

국민연금의 도시 지역 확장은 순탄하지 않았다. 국민연금에 내재된 소득 재분배 장치 때문이었다. 국민연금은 A값이라 불리는 가입자 평균 소득에 따라서 연금액의 50%가 결정되고, 나머지 50%는 B값이라 불리는 자기 소득에 따른다. 문제는 기존의 직장 가입자에 비

7 국민연금공단. 2008.『국민연금 20년사: 함께 나누고 함께 누려요』.

해 소득이 낮은 자영업자와 5인 미만 영세 사업자 근로자들이 1000만 명 가량 대거 신규 가입하게 된 것이다. 기존 직장 가입자의 연금액이 떨어질 수 밖에 없었다. 게다가 자영업자들은 국세청의 소득 파악이 잘 안 된다. 세금을 회피하기 위해서라도 매출을 숨기거나 매입을 늘려 소득을 낮춰 신고하는 경향이 있었기 때문이다.

국민연금의 소득 재분배 기능 자체는 복지 원리에 부합하는 일이다. 그러나 실제에서는 소득을 하향 신고하는 자영자에게 직장인들에게 가야 할 연금이 이전되는 우려가 현실로 나타날 수 있었다. 일례로 1999년 도시 지역 신규 가입자 중 의사, 변호사, 세무사 등 12개 고소득 자영자 2만 7천 명의 평균 신고 소득은 월 236만 원에 불과했다. 당시 법인 택시 운전사의 평균 소득인 200만 원과 큰 차이가 없었던 것이다.[8]

이에 한국노총과 경제정의실천운동연합 등 시민 단체들은 직장 가입자와 지역 가입자의 연금 계정을 분리 운영할 것을 요구하고 1000만 명 서명 운동을 벌였다. 아울러 국민연금 도시 지역 확대 시행 연기를 주장하였다. 1999년 11월, 반대 운동 단체들은 2.5톤 트럭 4대 분량의 514만 명의 반대 서명서를 집권당인 국민회의 당사로 보내고 시위에 나섰다. 경총 등 경제계는 김영삼 정부에서 추진했던 이원화 안의 시행을 요구하기도 하였다. 그러나 참여연대나 민주노총 등 국민연금의 이원화 안에 반대하고 직장과 지역 가입자의 통합 운영에 찬성하는 시민, 노동 단체들은 소득 파악 등의 문제는 행정력을

8 연합뉴스, "의사 등 국민연금 신고소득 25만원 상향조정", 1999년 8월 24일자.

강화해 시정해 나가면 된다고 주장하면서, 계획대로 국민연금의 도시 지역 적용 확대를 시행하라고 압박하였다.

**<표 4-2> 국민연금 도시 지역 적용 확대 시행 일지**

| 단계 | 내용 |
|---|---|
| 일제 신고 단계<br>1999.01.~<br>1999.04. | · 제1차 일제 신고 기간 돌입(1999.02.05.~1999.03.13.)<br>- 적용 대상 1014만 명 가입 신고 안내<br>· 제1차 보완 대책 발표(1999.02.09.)<br>- 권장 소득 유보, 소득 신고 절차 간소화 등<br>· 제2차 보완 대책 발표(1999.02.22.)<br>- 일제 신고 기간 연장(1999.03.13.→1999.04.15.), 길라잡이 투입 등<br>· 제3차 보완 대책 발표(1999.04.01.)<br>-소득 신고→보험료 신고로 전환 등, 하향 신고 대책 |
| 제도 내실화 단계<br>1999.04.~<br>2000.06. | · 소득 상향 조정 사업 실시(1999.04.~1999.12.)<br>- 1단계(1999.04.18.~06.30.) : 전문 직종 등 자영업자 중심<br>- 2단계(1999.07.01.~12.31.) : 농어촌 포함 전 지역 가입자<br>· 납부 예외 및 미신고자 축소 사업(1999.04.)<br>- 1단계(1999.04.18.~12.31.) : 과세 소득이 중위수 소득 이상 자<br>- 2단계(2000.01.~03.) : 사업자 등록자<br>- 3단계(2000.04.~06.) : 과세 소득이 중위수 소득 미만 자<br>· 납부 예외 및 미신고자 중점 정리 사업(2000.05.~06.) |

자료: 국민연금공단. 2008.『국민연금 20년사: 함께 나누고 함께 누려요』

차흥봉 보건복지부 장관은 사회 정책은 분리보다는 연대에 입각한 통합 모형이 바람직하다는 입장을 표명하며, 애초 법안이 통과된 대로 국민연금의 도시 지역 확장을 추진하고 수차례에 걸친 보완 대책을 통해 전 국민 연금화를 이루어 냈다.[9]

9 Yang, Jae-jin. 2020. "The 1999 Pension Reform and a New Social Contract in South Korea." Ph.D Dissertation. Political Science. Rutgers University.

## 공적 연금으로서의 국민연금의 공고화

### *세계은행 구조조정협약과 사적 연금 중심의 다층 체계화 압력*[10]

앞서 살펴본 대로, 김대중 정부는 김영삼 정부의 국민연금 이원화 개혁 후 도시 지역 확대 방침을 철회하고, 기존 국민연금 제도를 그대로 도시 지역에 확대 적용하였다. 시행 과정에서 발생한 반대와 시행 연기 주장도 끝내 잠재우고 전 국민 연금 시대를 열었다. 하지만 연금 개혁 논의가 사라진 것은 아니었다. 세계은행의 주도하에 연금 개혁 논의가 다시 촉발되었다.

김대중 정부가 외환 위기를 극복하기 위해 1998년 3월 세계은행(World Bank)으로부터 20억 달러의 구조 조정 차관을 들여왔다. 세계은행은 구조조정협약의 형태로 금융, 기업, 노동시장에 대한 구조 조정을 요구하였다. 이때 세계은행은 노동시장의 구조 조정과 함께, 사회 안전망 정비 차원에서 한국의 공적 연금 제도를 개혁할 것을 구조조정협약에 명문화했다.[11] 방향은 크게 두 가지였다. 하나는 공공자금관리법을 개정해 국민연기금의 부실 운영을 방지하는 것이었고, 다른 하나는 국민연금을 포함하여 공적 연금 제도의 틀을 세계은행이 주창하는 다주체제(multi-pillar pension system)로 바꾸는 것

---

10 이 절은 양재진. 2001. "세계은행과 국제노동기구의 연금개혁전략 비교연구: 한국에의 적용과 대응." 『한국정책학회보』 제10권 3호에 의존하여 작성되었다.

11 World Bank. 1998. "Report and Recommendation of the President of the International Bank for Reconstruction and Development to the Executive Directors on a Proposed Structural Adjustment Loan in an Amount Equivalent to US $2.0 Billion to the Republic of Korea." (March 19). 「World Bank Report」 No.P-7225-KO 그리고 「World Bank Report」 No.P-7258-KO (October 2).

이었다.

김대중 정부는 전자인 국민연금 기금 운영 개선 문제는 기금 운영의 민주화 차원에서 1998년 12월 국민연금법 개정을 통해 세계은행의 요구를 수용하였다. 문제는 후자의 국민연금 개혁인데, 세계은행은 1998년 10월까지 다주체제 연금 개혁에 입각한 청사진을 만들 범정부적인 위원회를 구성하여 1999년 11월까지 개혁안을 마련할 것을 요구하였다.

김대중 정부는 세계은행의 요구대로 1998년 12월에 공·사연금제도개선실무위원회를 발족시켰다. 세계은행은 이때부터 한국 연금제도의 구조를 사적 연금 중심의 다주체제로 개혁하기 위해 다양한 노력을 펼쳤다. 공·사연금제도개선실무위원회 위원들을 세계은행의 제안대로 공적 연금을 민영화하거나 사적 연금을 발전시킨 남미의 칠레와 아르헨티나, 그리고 사적 연금이 우리나라의 국민연금과 같은 중추적 역할을 하고 있는 호주 등에 연구 시찰을 보냈다. 그리고 서울에서 사적 연금의 설계와 관리 감독에 대한 세미나를 개최하기도 했다. 뿐만 아니라, 1999년 9월과 10월에는 각각 세계은행의 한국연금개혁팀장인 로버트 팔라시오스(Robert Palacios)와 세계은행의 연금팀장인 로버트 홀즈만(Robert Holzmann)이 한국의 공·사연금제도개선실무위원회에서 직접 세계은행의 한국 연금 개혁안을 발표했다.

<세계은행의 다주체제 연금 제도>

세계은행은 <그림 1>에서 보는 바와 같이, 다주체제의 연금 구조를 권고하고 있다. 첫째 기둥은 현존하는 공적 연금 중 기초 연금과 비슷한 구조이다. 자산 조사를 통해 대상자를 한정하므로 그 규모가 작고, 대신에 기초 보장과 재분배 기능이 강조된다. 재원은 조세에 의해 충당되는 것을 원칙으로 하고, 연금 급여는 영국이나 아르헨티나의 경우와 같이 정액 급여의 형태를 띠거나, 호주의 경우처럼 자산 조사에 의한 급여, 아니면 칠레의 경우처럼 국가가 보장하는 보충 급여 형태를 띠도록 설계한다. 이는 스스로 기여를 통해 노령 연금을 충분히 확보하지 못하는 저소득 노령 인구에 대한 최소한의 사회적 안전망이라 할 수 있다.

<그림 1> 세계은행의 다주체제의 연금 제도

| | | | |
|---|---|---|---|
| 목표 | 기초 보장, 재분배,<br>장수 위험에 대한 보험 | 저축과<br>장수 위험에 대한 보험 | 급여 적정성, 저축과 보험 |
| 형태 | 자산 조사에 의한 선별적 급여, 정액 혹은 차등 급여 | 개인 저축<br>혹은 기업 연금 (의무 가입) | 개인 저축<br>혹은 기업 연금<br>(선택적 가입) |
| 재원 | 조세 | 완전 적립 | 완전적립 |
| | 첫째 기둥<br>(법정 공적 연금) | 둘째 기둥<br>(법정 사적 연금) | 셋째 기둥<br>(임의 가입 사적 연금) |

둘째 기둥은 세계은행 연금 개혁안의 핵심으로, 일반적으로 확정 급여에 부과 방식으로 운영되는 전통적인 공적 연금 제도와 달리 확정 기여에 완전 적립 방식으로 운영되는 보통의 사적 연금 구조를 가지고 있다. 이 두 번째 기둥은 국가에서 규정한 기준에 해당하는 국민은 누구나 가입해야 하는 강제성을 띠고 있다는 점에서는 기존의 공적 연금과 동일하다. 그러나 소득 계층별 재분배 효과가 전혀 없는 개인별 저축의 성격을 띠며, 서로 경쟁하는 민간 시장의 금융 기관에 의해 관리된다는 점에서 뚜렷한 차이점을 보이고 있다. 연금 지급에 사용될 재원은 가입자 개인이 자신의 연금 계좌에 임금의 일정 부분을 법정 은퇴 연령까지 적립한 납입액에 그동안 붙은 투자 수익금이 더해져서 마련된다. 연금 급여는 확정 기여 방식의 원리대로 투자 수익금이 더해진 연금 자산 총액을 잔여 수명으로 나누어 지불한다. 완전 적립에 확정 기여 방식이기에, 인구 고령화에 따른 재정 불안정 문제나

묵시적 부채(implicit debt)의 문제는 없다. 그리고 완전 적립 방식이기에 연기금이 금융 시장에 쌓이게 된다. 이는 금융 산업을 키우고 각종 투자 자금으로 활용될 수 있어 경제 발전에 도움을 줄 것으로 기대한다.

셋째 기둥은, 자발적인 연금 저축으로서 노령 연금을 추가적으로 더 받고자 하는 사람만이 가입하는 보충 제도이다. 다양한 형태가 가능한데, 기업 연금이나, 상호부조 혹은 사보험 형태 등이 제시되고 있다.

세계은행은 위의 세 기둥의 공존과 조화가 필요하다고 말하고 있으나, 이 중 둘째 기둥인 의무 가입의 사적 연금이 노후 보장에서 가장 큰 부분을 담당하는 중심이 되야 한다고 주장한다. 따라서 기존의 공적 연금을 민영화하여 사적 연금화하든지 (칠레의 경우처럼), 공적 연금은 소규모의 기초 연금화하고 사적 연금을 새로 부가 하는 방식의 개혁 전략을 제시하고 있다.

자료: World Bank. 1994.『Averting the Old Age Crisis』.

세계은행은 두 가지 개혁안을 권고하였다. 첫 번째 안은 부분 개혁으로 i) 법정 퇴직금을 완전 적립의 사적 연금으로 전환시킬 것, ii) 국민연금의 재정 운영을 사적 연금에 적용되는 기준에 의거하여 관리해 나가고 정치적·관료적 통제로부터 벗어나게 할 것, iii) 공무원연금 등 특수 직역 연금의 급여와 급부 조건을 국민연금과의 형평을 고려해 낮출 것, iv) 개인 연금 등 연금성 저축의 관리 감독을 강화할 것 등의 내용을 담고 있다. 두 번째 안은 구조 개혁으로 i) 국민연금을 소득 대체율 30%에 보험료 4.5%짜리 연금으로 축소시킬 것, ii) 법정 퇴직금을 개인 계좌의 사적 연금인 기업 연금(employer-based pensions, 즉 오늘날의 DC형 퇴직 연금 형태)으로 의무 전환시킬 것(실업 시를 제외하고 중도 인출 금지, 연금으로만 수령), iii) 공무원연금도 국민연금과 기업 연금으로 분리하고, 이를 각각 민간의 국민

연금과 기업 연금 체제에 통폐합시키는 내용이었다.[12]

세계은행은 첫 번째 부분 개혁안은 단기적 차원에서 시급히 시행되어야 할 것임을 강조하였다. 그리고 서구와 남미의 복지국가들이 앞서서 겪는 연금의 위기와 개혁의 어려움을 상기시키며 빠른 시일 내에 두 번째 전면적인 개혁을 단행할 것을 권고하였다.

> 한국은 현재 독일이나 이태리같이 고소득 국가가 잘못 밟아 온 전철을 그대로 따르고 있다. 이들 국가에서는 높은 연금 보험료로 인해 노동비용(labor taxes)이 고실업과 저성장을 유발한다고 비난받고 있다. 게다가 기여율은 더 이상 올리기 힘든 수준이라는 공감대가 형성되어 있다. 반면에 새로운 정부가 들어설 때마다 연금액은 계속해서 삭감되고 있다.…(중략)… 완전 적립의 사적 연금을 도입하려는 제안들이 나타나고 있지만, 이런 구조적 개혁은 공적 연금 제도 아래서 이미 약속된 연금급여 지급 약속(pension obligations) 때문에 매우 어렵다. 이러한 현상은 투표권을 행사하는 수많은 연금 생활자들의 거부를 반영한다. 40년 이상 지속된 연금 제도가 개혁가들의 손발을 묶어 버렸다(World Bank, 2000: 50).

세계은행은 첫 번째 부분적인 개혁은 문제의 노출을 지연시킬 뿐, 근본적인 해결책이 못 된다고 보았다. 세계은행은 다행히 한국의 국민연금은 시작된 지 10여 년밖에 안 되어 역사가 매우 짧기 때문에

12 World Bank. 2000. "The Korean Pension System at a Crossroads." 「World Bank Report」 No. 20404-KO.

서구와 달리 구조적인 개혁이 상대적으로 어렵지 않다고 보았고, 따라서 되도록 빠른 시일 내에 구조 개혁 단행을 권고한 것이다. 세계은행의 구조 개혁안대로 하게 되면, 국민연금은 기여율과 급부 수준을 낮추어 기초 연금화하고, 법정 퇴직금은 의무 가입의 완전 적립 사적 연금으로서 다주체제의 연금 제도에서 중추가 되는 것이었다.

### 공·사연금제도개선실무위원회 활동과 공적 연금 공공화

공·사연금제도개선실무위원회는 총 31회에 걸친 회의와 12개에 달하는 연구 보고서를 만드는 등, 1년 반 동안 활동한 뒤 2000년 5월에 총 4개의 개혁안을 정부에 제출하였다. 기존의 국민연금 제도를 그대로 유지하면서 세계은행의 제안을 일부 수용하는 안에서부터 세계은행의 권고를 상당 부분 수용해 국민연금 축소와 퇴직금을 의무 가입의 완전 적립형 기업 연금으로 전환하고, 공무원 연금 등 특수 직역 연금과 통합하는 안까지 총 4개의 개혁안을 제시한 것이다.

제1안은 국민연금을 그대로 유지하면서 퇴직금을 법정 기업 연금화하여 완전 적립 방식의 확정 기여형 연금으로 만드는 것이었다. 제2안은 국민연금의 급부 수준을 현행 60%에서 45%로 낮추어 장기적 재정 안정화를 기하고, 퇴직금의 일부를 법정 기업 연금화하며, 국민연금을 중심으로 특수 직역 연금을 흡수 통합하는 안이었다. 제3안은 김영삼 정부 시절 기획단 안과 유사한 안으로, 기초 연금과 소득 비례 연금을 도입하는 안이었다. 제4안은 위 3개 안의 혼합 모형으로, 국민연금의 소득 대체율을 35%로 낮추어 기초 연금화하고, 법정 기

업 연금 등을 도입하여 다층 구조화한다는 내용을 포함하고 있다.[13]

<표 4-3> 기존 연금 제도와 개혁 대안의 비교

| | 현행 연금 제도 | 세계은행 구조적 개혁안 | 공사연금 제도 개선위 1안 | 공사연금 제도 개선위 2안 | 공사연금 제도 개선위 3안 | 공사연금 제도 개선위 4안 |
|---|---|---|---|---|---|---|
| 개혁 목표 및 특징 | 사회 보장 | 재정 안정 (+사회 보장 +금융 시장 육성) | 사회 보장 + 재정 안정 | 재정 안정 + 사회 보장 | 재정 안정 + 사회 보장 | 재정 안정 + 사회 보장 |
| 기본 구조 | 공사 연금 분립 단층 구조 | 공사 연금 통합 다층 구조 | 공사 연금 분립 다층 구조 | 공사 연금 통합 다층 구조 | 공사 연금 분립 다층 구조 | 공사 연금 통합 다층 구조 |
| 목표 소득 대체율 | 60% (특수 직역은 80%) | 3개 기둥 합산 시 현행수준 | 60% (특수 직역은 80%) | 45% (~65%) | 60% | 60% |
| 급부 원리 | 확정 급여 | 확정 기여 | 확정 급여 (기업 연금과 개인 연금은 확정 기여) | 확정 급여 (개인 연금은 확정 기여, 신직역 연금은 명목 확정 기여) | (소득 비례형) 확정 급여 | 확정 급여 (기업 연금, 소득 비례 직역 연금과 개인 연금은 확정 기여) |
| 재정 방식 | 부과 방식 (부분 적립) | 완전 적립 | 부과 방식 (기업 연금과 개인 연금은 완전 적립) | 부과 방식 (개인 연금은 완전 적립) | 부과 방식 | 부과 방식 (기업 연금, 소득 비례 직역 연금과 개인 연금은 완전 적립) |
| 기금 관리 | 공적 관리 | 사적 관리 | 공적 관리 (기업 연금과 개인 연금은 사적 관리) | 공적 관리 (개인 연금은 사적 관리) | 공적 관리 | 공적 관리 (기업 연금과 개인 연금은 사적 관리) |

자료: World Bank, 2000; 공·사연금제도개선실무위원회, 2000; 석재은, 2000.

13 석재은. 2000. "공·사연금제도 개선을 위한 대안모형의 특징과 장단점." 『월간 복지동향』 11월.

위원회의 연금 개혁 대안이 정부에 제출되었으나, 김대중 정부는 무의사 결정으로 일관하고, 후속 조치를 취하지 않았다. 세계은행의 사적 연금 중심의 다주체제 연금 개혁 권고에 대해 김대중 정부는 공·사연금제도개선실무위원회를 구성하고, 다주체제 연금 제도에 대해 긍정적으로 연구하고 개선안을 마련하는 선에서 구조조정협약의 조건을 이행한 것으로 삼았다. 후속 조치를 취하지 않은 이유는 국민연금 축소나 민영화, 그리고 사적 연금 중심의 다주체제는 받아들일 수 없는 것으로 개선안의 한계를 이미 정하고 있었기 때문이다.

실제로 김유배, 당시 청와대 복지노동수석은 "김대중 대통령과 저는 국민연금을 기초 연금과 소득 비례 연금으로 나누어, 기초 연금에 재정을 투입하고 소득 비례 연금은 개인이 저축한 만큼 연금으로 받아 가는 것은 합리적이라고 보았습니다. 그러나 국민연금을 민영화한다거나 사적 연금 중심으로 노후 보장 제도를 만드는 것은 절대 안 된다고 생각"하였다고 회고하고 있다.[14] 후속 개혁 조치에 나선다 해도, 복지부가 제시한 현 제도의 기본 틀을 유지하는 제1안에 의한 다주체계화가 예상되었다. 실제로 2006년 노무현 정부에서 퇴직금 제도를 퇴직 연금으로 전환하는 다주체계 개혁이 이루어져 현재에 이르고 있다.

1997년 외환 위기 국면에서 국내 정책결정 과정에 미치는 국제 금융 기구의 영향력이 강했다. 실제로 1980년대 남미의 외환위기 때

---

14 「김유배 구술사 인터뷰」, 2023년 6월 23일, 연세대학교 김대중도서관.

멕시코, 아르헨티나, 우루과이 등 많은 남미 국가들이 세계은행의 권고대로 사적 연금 중심의 다주체제로 연금 개혁을 단행하였다. 그러나 김대중 정부는 공적 연금을 공고히 하는 쪽으로 정책 방향을 잡고 이를 달성한 것이다.

## 결론: 김대중 정부의 유산에 대한 평가와 과제

한국은 복지국가의 태동과 발전이 서구에 비해 크게 뒤늦었다. 국민연금이 전 국민을 포괄하기 시작한 1999년은 비스마르크의 독일이 사회 보험형의 공적 연금을 도입한 지 110년이 지난 해이다. 스웨덴이 세계 최초로 기초 연금을 도입한 1913년으로부터도 86년이 지난 때였다. 1999년이면 사실 이미 다른 서구 복지국가들은 공적 연금의 정착을 넘어 인구 고령화 시대에 지속 가능한 노후 소득 보장 제도를 구축하기 위해 구조적인 개혁에 나설 때였다.

그러나 우리의 과제는 1988년 직장인을 대상으로 시작된 국민연금이라는 공적 연금의 안착에 힘을 쏟는 것이었다. 출산율이 이미 2.1 이하로 떨어졌었지만, 1995년만 해도 65세 이상 노인 인구가 전체 인구의 5.9%에 불과했다. 인구 고령화가 급속히 진행될 것이라는 경고가 나오던 때이기는 하나, 실감하지 못하였다. 오히려 인구 고령화가 예상되는 만큼 고령화 시대를 대비해 공적 연금 제도를 정착시켜야 한다는 목소리가 강했고, 김대중 정부는 이를 충실히 시행했다.

하지만 국민연금이 전 국민의 노후 소득 보장을 책임지기 시작한

1999년으로부터 약 20여 년이 흐른 지금 시점에서 보면, 수성(守城)에만 치중한 게 아닌가 하는 아쉬움이 있기는 하다. 공적 연금의 필요성과 당위성은 인정하지만, 이것이 반드시 현재 우리가 채택하고 있는 부과 방식, 즉 후세대의 보험료 납부로 은퇴자들이 연금을 받는 방식일 필요는 없기 때문이다. 부과 방식은 인구 구조의 고령화에 취약하다. 인구 고령화가 보험료 납부자는 줄고, 연금 수급자는 늘어나는 것을 의미하기 때문이다. 스웨덴처럼 부과 방식이 아닌 '적립형의 공적 연금'을 조금이라도 키우고, 그 만큼 부과 방식의 공적 연금은 인구 고령화에 따라 축소하는 개혁을 단행할 수도 있었던 때였다.

적립형은 자신의 주머니에 향후 연금에 사용할 돈을 저축하고 이자를 붙여 나가는 것이기에 인구 고령화와 원칙적으로 무관하다. 개인 연금 같은 사적 연금이 적립형으로 운영되었다. 따라서 적립형은 사적 연금, 부과 방식이 공적 연금이라는 시각이 지배적인 때였다. 하지만 이는 단견이었다. 적립형이 반드시 사적 연금일 필요도 없고, 부과 방식의 연금을 일부 적립형으로 바꾼다고 민영화를 해야 하는 것도 아니었기 때문이다.

실제로 국민연금의 전 국민화를 단행한 1999년, 스웨덴은 우리나라의 국민연금에 해당하는 ATP 소득 연금을 명목 확정 기여 방식(NDC)과 적립형의 프리미엄 연금으로 개편하였다. 적립형의 프리미엄 연금을 국가가 직접 관리한다. 혹 사적 연금이라도 공공성을 띄도록 준공적 연금으로 만드는 나라도 많았다. 예를 들어 네덜란드, 덴마크, 호주, 스위스, 영국 등은 우리의 퇴직 연금 같은 적립형 기업 연금 제도를 사실상 의무화하고, 원칙적으로 일시금이 아닌 연금으로만 받게 해 노후 소득 보장의 중추로 삼고 있다.

김영삼 정부에서 기획단 안이 국민연금을 이원화한 후, 소득 비례 연금은 적립형으로 운영하는 안이었다. 이를 민영화하는 것이 우려되었지만, 스웨덴처럼 민영화하지 않고 국가가 직접 적립형 연금을 관리 운영할 수도 있었다. 그리고 세계은행이 권고한 대로 법정 퇴직금을 의무 가입의 퇴직 연금으로 일찌감치 전환시키는 것도 적극적으로 수용할 필요가 있었다. 퇴직 연금이 노무현 정부에서 2006년에 도입되었지만, 아직도 퇴직금처럼 사용되고 있다. 계좌 기준으로 4%만이 연금으로 받아가고, 나머지는 모두 퇴직금처럼 일시금으로 받는다. 중간 정산, 중도 인출 등으로 적립이 되어 있지 않기 때문이다.

이 와중에 부과 방식인 국민연금은 재정 불안정에서 벗어나 있지 못하고 있다. 20여 년 전부터 인구 구조 변화에 무관한 적립형 연금을 키워 놓았다면, 부과 방식 국민연금에 대한 보다 과감한 재정 안정화 개혁이 가능했을 것이다. 현 세대 국민연금 가입자에게 적립형 연금이라는 믿는 구석이 있기 때문이다. 그러나 그러하지 못했기에 유일한 노후 소득 보장책인 국민연금의 재정 안정화 개혁은 계속 뒤로 미뤄지고 있다.

스웨덴이나 몇몇 선진 복지국가들이 일찌감치 공적 연금을 도입하고, 이후 환경 변화에 맞게 개혁을 단행한 것들을 김대중 정부에게 한꺼번에 요구하는 것은 부당하기는 하다. 전통적인 부과 방식일지라도 공적 연금의 정착과 공고화는 반드시 거쳐야 하는 단계였기 때문이다. 개혁은 다음 정부들의 과제였다는 게 온당한 평가일 것이다. 앞으로 국민연금 같은 부과 방식 연금은 인구 고령화에도 지속 가능하게 재정 안정화 개혁을 단행하고, 적절한 노후 소득 보장을 위해 적립형 연금을 키우는 개혁이 되어야 할 것이다.

기초 연금도 재정 합리적으로 개편해 저소득 노인의 기초 소득 보장에 충실한 제도로 만들 필요가 있다. 김대중 대통령이 합리적이었다고 생각한 대로, 기초 연금에 재정을 투입해 저소득 노인의 기초 보장을 이루고, 그 이상의 국민들은 본인의 저축에 따라 소득 비례형으로 노후를 보장받는 방식이 실현되기를 기대해 본다.

# 제5장

# 국민 기초 생활보장 제도 도입

김영순

# 제5장

# 국민 기초 생활보장 제도 도입[1]

김영순(서울과학기술대학교 인문사회교양학부 교수)

## 들어가며

이 장에서는 김대중 정부의 가장 대표적인 개혁 업적 중 하나로 꼽히는 국민 기초 생활보장 제도 도입에 대해 살펴본다. 한국의 공공부조 제도는 2000년 10월 국민기초생활보장법(이하 기초보장법)이 시행되면서 획기적인 전기를 맞게 된다. 기초보장법은 인간다운 기본적 생활을 영위하는 것을 모든 시민의 권리로, 이를 보장하는 것을 국가의 의무로 명시함으로써 한국 복지국가 발전사에 커다란 이정표

1 이 연구에서 쓰인 관련자 인터뷰에는 필자의 것들 외에, 국민기초생활보장법 제정 과정에서 중요한 역할을 했던 김미곤 박사 자신이 행한 인터뷰들도 포함되어 있다. 면담 자료의 면담자, 피면담자, 면담 일시와 출처는 글 말미에 명기했다. 귀중한 자료를 이용할 수 있게 해 주신 김미곤 박사께 깊이 감사 드린다.

를 세웠다. 김대중 대통령 자신도 여러 계제에, 이 법의 제정을 6.15 남북정상회담과 더불어 본인의 재임 중에 이루어진 가장 보람 있는 일로 들었다. 때로는 남북 화해·협력의 진전이라는 업적에도 앞서는, '국민의 정부'의 가장 큰 자랑으로 꼽기도 했다고 한다(면담 1).

그렇다면 국민 기초 생활보장 제도의 어떤 측면이 이런 회고가 나오도록 한 것일까? 과거 공공부조 제도의 근간이었던 생활보호법은 18세 이상 65세 미만의 인구를 노동 능력 보유자로 보고 수급 대상에서 원천적으로 제외했다. 즉 근로 연령대에 속한다면 장애 등 특별한 사유가 없는 한 생계 급여를 받을 수 없었다. 일하고 싶어도 일자리가 없는 사람들, 돌봄 등으로 일할 수 없는 사람들은 일할 능력이 있다는 이유로 아무리 생계가 곤란해도 혜택을 받을 수 없었던 것이다. 또한 생계 급여를 받는 사람들은 근로 무능력자임이 증명된 시혜의 대상으로 낙인찍혔다는 느낌을 피하기 어려웠다. 게다가 급여 수준 역시 미미하기 그지 없었다.

반면, 국민기초생활보장법은 가구원의 노동 능력과 무관하게 소득이 최저생계비 이하인 가구의 가구원은 수급자로 선정되어 생계 급여를 받을 수 있게 했다. 이는 원칙상 '모든' 시민에게 최소한의 기초 생활(national minimum)을 보장하는 것을 국가의 의무로 새롭게 정의한 것이었다. 이에 따라 '보호 대상, 생계 보호, 보호 기관' 등의 시혜적 용어도, '수급권자, 생계 급여, 보장 기관' 같은 권리성 용어로 바뀌었다. 이는 한국의 빈곤 정책의 패러다임 전환을 의미하는 것이었다. 한국은 구빈법적 잔재를 털어 내고 사회적 시민권을 인정하는 현대적 복지국가로 탈바꿈했던 것이다.

그러나 이런 의의에도 불구하고 기초보장법이 처음부터 여러 문제점을 안고 출발했던 것도 사실이다. 공공부조 제도의 잠재적 대상자 집단의 규모가 갑자기 커지게 되자, 소요 예산의 급증을 우려한 예산부처는 시행령과 시행세칙 제정 단계에서 여러 가지 제한 조항을 두어 수급자 수를 줄이려 했다. 결국 국민 기초 생활보장 제도는 원칙적 진보성에도 불구하고 광범위한 제도의 사각지대와 낮은 급여 수준이라는 한계를 가지게 되었다.

한편, 국민 기초 생활보장 제도 도입을 둘러싼 정치 과정은 민주화 이후 한국의 복지정치가 크게 변화하고 있다는 것을 보여 주었다. 그리고 이 사실은 기초생활법의 제정 그 자체만큼이나 주목받았다. 즉 이전의 복지 관련 법률이나 정책들이 일방적으로 정부 주도에 의해 만들어졌던 것과 달리 기초보장법의 경우 시민운동 단체가 중요한 역할을 수행했다. 이는 세계 사회 복지 역사상 유례를 찾기 어려운 성과였다. 그러나 현재의 시점에서 입법 과정 전체를 돌아보면, 법 제정의 후반부 과정에서 핵심적 역할을 했던 것은 시민운동 단체들이 아니라 행정부의 관련 부처들이었다. 그리고 이후 기초보장 제도가 드러낸 문제점들은 대부분 이 시기 만들어진 시행령·시행 규칙과 관련되어 있었다.

그렇다면 기초보장 제도는 어떻게 태동하여 도입되는 과정을 거쳤는가? 그 의의는 무엇이고 한계는 무엇인가? 이하에서는 우선 기초보장법의 제정 배경부터 살펴본다. 다음으로 국민기초생활보장법 제정에 관계된 주된 행위자들은 누구이며, 이들이 어떤 상호 작용을 통해 이런 제도 전환을 가져왔는지 서술한다. 마지막으로 국민 기초 생활보장 제도의 한계와 문제점은 어떤 행위자 간 정치 과정의 결과인지 살펴보도록 하겠다.

## 국민 기초 생활보장 제도 도입 배경

기초보장법 제정의 가장 중요한 사회 경제적 배경은 1997년 하반기 한국 사회를 강타한 경제 위기였다. 국가 부도 사태에 직면한 한국 정부는 1997년 국제통화기금(IMF)에 구제 금융을 신청했고, 그 조건으로 경제 전반의 신자유주의적 구조 조정을 수용했다. 이 구조 조정 와중에 경제 성장률은 급격히 하락했고, 실업률은 증대했으며, 빈곤은 심화되었다. 1990년대 초중반 7~9%를 기록하던 성장률은 1998년 마이너스 6.7%로까지 떨어졌다. 수많은 기업이 도산하는 가운데 1990년대 중반까지 거의 완전 고용 수준을 유지하던 실업률은 1998년 7.0%로 급상승했다.

경제 위기와 대량 실업 사태는 많은 사람들에게 고통을 안겨 주었다. 그중 타격을 가장 심각하게 받은 것은 사회 경제적으로 가장 취약한 계층들이었다. 실업은 저학력층, 미숙련 단순 노무직, 일용직과 무급 가족 종사자 등에서 가장 큰 폭으로 늘어났다. 이에 따라 빈곤율도 급속히 증대했다. 1996년 4.42%이던 빈곤율은 1998년 7.58%, 1999년 8.21%로 치솟았다. 이렇게 경제 위기 속에서 취약 계층의 삶의 위기는 심화되었으나, 이를 수습할 사회적 안전망은 부실하기 짝이 없었다. 그리고 그 결과는 빈곤으로 인한 가족 해체, 노숙인의 급속한 증대, 빈곤 자살 증가로 나타났다.

이런 취약 계층의 절박한 삶의 위기는 국민기초생활보장법 제정의 직접적 배경이 되었다. 외환 위기 이전에도 생활보호법을 개선하려는 움직임이 없지는 않았다. 그러나 이는 기존 생활보호법의 틀 내에서 기술적인 개선을 지향한 것이었다. 참여연대 사회복지위원회는 일찍이 1994년 창립 직후부터 국민복지 기본선(national minimum) 확보 운동을 전개했다. 그리고 이를 통해 기존 생활보호법을 전면 개혁하여 모든 국민에게 최소한의 기본 생활을 보장하고자 했다.

그러나 참여연대는 이 의제를 중요한 사회적 쟁점으로까지 부각시키지는 못했다. 개발 연대를 막 지나온 당시 한국 사회에서 노인이나 장애인이 아닌 노동 능력 보유자에게 국가가 가난하다는 이유로 생계비를 지급한다는 것은 세금을 낭비하는 과도한 보호로 인식되었다. 하지만 지진 해일과도 같은 외환 위기의 여파는 더 이상 빈곤이 개인의 책임일 수만은 없으며, 취약 계층의 절박한 삶의 위기에 대해 사회 정책적 대응이 필요하다는 인식을 확산시켰다. 사회적 안전망의 확충을 통한 기초 생활보장이 필요하다는 공감대가 급속히 형성되었던 것이다.

<표 5-1> 외환 위기 이후 경제적 위기와 사회적 위기(1996~2002)

(단위: %)

| | 1996 | 1997 | 1998 | 1999 | 2000 | 2001 | 2002 |
|---|---|---|---|---|---|---|---|
| 실질 GDP 증가율 | 6.8 | 5.0 | -6.7 | 10.9 | 9.3 | 3.1 | 6.3 |
| 실업율 | 2.0 | 2.6 | 7.0 | 6.3 | 4.1 | 3.8 | 3.1 |
| 절대 빈곤율 | 4.42 | 3.92 | 7.58 | 8.21 | 6.35 | 5.21 | 4.04 |
| 상대 빈곤율 | 9.35 | 8.93 | 10.82 | 10.79 | 10.14 | 10.04 | 9.95 |
| 지니 계수 | 0.286 | 0.279 | 0.309 | 0.315 | 0.311 | 0.313 | 0.307 |

자료: 통계청, <통계정보시스템> <도시가계조사연보>, 각년도

출처: 김미곤·김태완. 2003. "우리나라의 빈곤현황 및 정책과제". 한국보건사회연구원 워킹페이퍼.

*절대빈곤율은 경상소득 기준 최저생계비 이하, 상대빈곤율은 중위소득 50% 이하 인구

한편, 국민기초생활보장법 제정의 정치적 배경으로 가장 많이 거론되는 것은 상대적으로 진보적인 김대중 대통령의 집권이다. 김대중 대통령 자신은 취임 전부터 '생산적 복지'라는 구상을 가지고 있었으며, 국민 기초 생활보장은 그 구상의 핵심 고리였다고 밝히고 있다.

> 나는 선거 전부터 '생산적 복지'라는 말을 써 왔습니다. 생산적 복지는 시혜적 차원이 아니라 국민들이 재훈련을 통해 고부가 가치와 고효율을 낼 수 있는, 그래서 국가 경제에도 도움이 되고 본인에게도 도움이 되는 그런 방향으로 정책을 추진해야 한다고 생각합니다. 일할 의욕과 능력이 있는 사람에게는 일할 길을 열어 주고 그렇지 못한 중증 장애인이나 노약자는 보호를 강화해야 한다고 생각합니다.[2]

2 김대중. 2010.『김대중 자서전 2』. 삼인. p.339.

실제로 국민 기초 생활보장 제도는 기초 생계 보장과 더불어 자활을 강조함으로써 '생산적' 복지의 면모를 보였다. 그리고 다른 한편으로는 근로 능력이 있는 사람이라 할지라도 자활 사업에 참여하기만 하면 기초 생계 보장을 받을 수 있는 사회적 권리를 부여했다는 점에서 공공부조의 근본 틀을 진보적으로 개혁한 것이기도 했다. 외환 위기에 따른 대량 실업으로 새로운 복지 제도에 대한 요구가 크기는 했지만, '사대육신 멀쩡한' 근로 능력자에게 국가가 생계비를 지급한다는 것은 개발 연대를 막 통과한 한국 사회에서는 꿈도 꿀 수 없는 일로 여겨졌다. 진보 진영 내부에서조차 '이게 과연 될까' 하는 회의가 만연했다. 심지어 당시 보건복지부의 한 간부는 "그런 내용의 법이 통과된다면 내가 손가락에 장을 지지겠다."라고까지 하는 분위기였다(면담 1). 다음은 기초보장법 제정 과정에서 중요한 역할을 한, 당시 한국보건사회연구원에서 일했던 김미곤 연구위원의 술회이다.

> 저는 보사연(한국보건사회연구원)에서 1990년에 '생활 보호 제도 개선에 관한 연구', 1991년도에 '생활 보호 대상자 선정에 관한 연구'에 참여했어요. 그러나 저 역시 외환 위기 이전에는 생활보호법을 완전히 대체할 공공부조의 혁신은 생각해 본 바 없습니다. 당시 분위기에서는 감히 생각할 수 없는 얘기였죠. (면담 1, 괄호 안 필자 삽입)

이런 상황에서 기초 생활보장 제도가 도입될 수 있었던 것은 전임 정부보다는 훨씬 개혁적이었던 김대중 정부의 성격, 보다 정확히는 대통령 자신의 개혁적인 이념적, 정치적 성향이 영향을 끼쳤기 때문이다.[3] 김대중 대통령이 이른바 '울산 발언'을 통해 법 제정의 결정적 계기를 마련했을 뿐만 아니라, 법 통과 이후에도 법안을 구체화하는데 힘을 실어 주었다는 점에서 이런 평가는 상당히 타당한 것으로 보인다.

그렇다면 국민기초생활보장법은 구체적으로 어떤 과정을 거쳐, 어떻게 제정되었는가?

## 국민기초생활보장법 제정 과정[4]

### *의제 형성에서 정책 결정까지(1994. ~ 1998. 08.)*

국민기초생활보장법 제정 과정은 의제 형성부터 정책 결정까지(1994년~1999년 8월)와 행정부처들이 시행령·시행 규칙을 만들어 내는 후속 발전의 두 단계(1999년 8월~2000년 8월)로 나눌 수 있다. 세간의 관심이 집중되었던 것은 이 중 앞부분이다. 그러나 여기서는 후속 발전 단계 역시 비중 있게 다루어 보고자 한다. 이 단계에서 정교화된 법안 내용이 이후 제도의 성격에 많은 영향을 미쳤기 때문이다.

3 안병영. 2000. "국민기초생활보장법의 제정과정에 관한 연구". 『행정논총』 제38집 제1호.

4 이하 법 제정의 구체적 과정에 대한 서술은 졸고, 2021. 『한국 복지국가는 어떻게 만들어졌나』 학고재

<표 5-2> 국민 기초 생활보장 제도 도입 관련 주요 일지

| 일자 | 주요 사건 |
|---|---|
| 1994.02. | 참여연대, 생계 보호 기준 헌법 소원 |
| 1994.12. | 참여연대, 국민생활최저선확보운동 기자 회견 |
| 1998.02. | 정부, 생활보호법 일부 개정, 한시적 생활 보호 사업 시행 |
| 1998.03. | 참여연대, 공청회 "긴급 제안, IMF 시대, 고실업 사회의 사회적 대안" 개최 |
| 1998.05. | 사회복지학 교수 209인 사회 안전망 구축 촉구 성명 |
| 1998.07.23. | 참여연대, 26개 사회 단체와 연대하여 한나라당 김홍신 의원을 소개 의원으로 국회에 '국민기초생활보장법 제정 입법 청원 및 법 제정 촉구 대회' |
| 1998.10.09. | 국민기초생활보장법, 새정치국민회의 이성재 의원 외 102인에 의해 국회 발의 |
| 1998.12.28. | 국민기초생활보장법안 국회 보건복지위원회 법안심사소위에서 위원회 대안으로 의결, 그러나 이후 예산부처의 반대로 더 이상의 진전 없이 상임위 계류 |
| 1999.03.04. | '국민기초생활보장법제정추진연대회의' 결성, 기자 회견 |
| 1999.04.06. | 연대 회의, 국민기초생활보장법 제정 촉구 1차 행동 기간 시작 |
| 1999.04.30. | 정부 내 부처 간 실무자 회의에서 국민기초생활보장법 유보 결정 |
| 1999.06.21. | 김대중 대통령 '울산 발언'. '생산적 복지'를 새로운 국정 이념으로 선포하고, 국민기초생활보장법 제정 방침 천명 |
| 1999.07.06. | 한나라당 김홍신 의원 외 131명 '국민기본생활보장법'안 국회 제출 |
| 1999.08.09. | 보건복지상임위 법안심사소위는 김홍신 안과 1998년 12월 심사소위를 통과한 안을 절충하여 상임위 대안을 만들고, 이날 이를 심사소위와 상임위에서 의결 |
| 1999.08.12. | 국민기초생활보장법 국회 본회의 의결 |
| 2000.02.17. | 국민기초생활보장법 시행령·시행세칙 입법 예고 |
| 2000.05.09. | 기초생활수급권찾기운동본부 발족 및 기자 회견 |
| 2000.08.31. | 국민기초생활보장법추진연대회의 해산 결정 |
| 2000.10.01. | 국민기초생활보장법 시행 |

자료: 허선. 2000. "국민기초생활보장법 시행방안의 주요쟁점과 그 대안", 『사회복지정책』 제10집 및 일간지 보도.

기초보장법 제정 과정에서 의제 형성 단계는 시민 단체인 참여연대가 국민생활최저선확보운동의 시작을 선언한 1994년 12월부터 국민기초생활보장법안이 국회 보건복지상임위 법안심사소위원회를 통과한 1998년 12월까지로 잡을 수 있다.

기초보장 제도 도입이 본격적 의제로 만들어지기까지는 두 개의 전사(前史)가 전개된다. 하나는 잘 알려진 참여연대 사회복지위원회의 활동이다. 1994년 참여연대가 창립되면서 10여 개의 위원회가 조직되었는데 사회복지위원회는 그중 하나였다. 사회 복지를 전공하는 소장 학자들이 중심이 되었던 이 위원회의 주력 사업 중 하나가 바로 후에 기초보장법 제정 운동의 기초가 된 국민복지기본선확보운동이었다. 이 운동은 빈곤층의 생활보장 문제에 대해 사회적 관심을 환기시켰다. 그러나 이를 중요한 사회적 쟁점으로 부각시키지는 못했다.

그러나 이 운동은 1997년 이른바 IMF 구제 금융을 부른 경제 위기 이후 실업과 더불어 빈곤이 심각한 사회 문제로 대두하면서 새로운 국면을 맞게 된다. 참여연대 사회복지위원회는 1998년 3월 '긴급 제안: 고실업 사회의 사회적 대안'이라는 공청회를 열었다. 그리고 고용보험의 보호를 받지 못하는 저소득층 실업자를 위한 대안으로 ① 국민복지 기본선 설정, ② 실업부조 제도 도입, ③ 실업자 개개인에 대한 고용 및 복지 서비스를 위한 사례 관리 체계 확보를 제안했다.

다른 하나는, 좀 덜 알려진 경로로서 1998년 초, 외환 위기 여파 속에서 여당이었던 새정치국민회의 정책위원회 내에 꾸려진 비공식 복지정책 연구 모임인 <H & W>(보건과 복지)였다. 이 모임은 국민회의 제3정책조정위원회 부위원장 겸 국회 보건복지위원회 위원이었던 이성재 국회의원, 한국보건사회연구원의 김미곤 연구위원, 중앙대 김연명 교수, 서울대 김용익 교수 등으로 구성되었고, 새정치국민회의 소속 최민식 정책전문위원도 참여해 코디네이터 역할을 했다. 이후 이 모임 내부에 생활보호법을 대체할 법을 제정하기 위한 작은 연구 모임이 만들어졌고, 몇몇 사회복지학자와 이찬진 변호사가 더 참여했다. 이 소모임에서 1998년 5월경 김미곤 연구위원이 기초보장법의 초안을 만들어 발표했다(면담 2). 참여연대에서도 1998년 1월쯤 기초보장법의 원안 비슷한 것을 만들었다. 그러나 이보다는 보건사회연구원에서 오랫동안 생활 보호 제도를 연구해 온 김 연구위원의 초안이 훨씬 구체적, 현실적이었다. 이후 참여연대는 김 연구위원 안을 받아들여 이를 토대로 기초보장법 제정 운동을 하게 된다. 김미곤 박사는 당시 상황을 다음과 같이 술회했다.

> 참여연대 안은 '시급한 상황이 되었으니.... 잘해 주자'(외환 위기로 빈곤층이 절박한 상황에 놓이게 되었으니 관대한 제도가 필요하다는 의미), 이런 컨셉이었고, 구체성이 좀 떨어졌었어요. H&W 작업팀에서 파트를 나누어 가지고, (대상자) 선정·최저생계비 관련해서는 내가 정리하고, 전달 체계는 이인재 선생님이 정리하고, 뭐 이런 식으로 파트를 나누어 가지고 정리를 했는데, 여기에서 지금의 법의 골격이 거의 다 유지가 되었습니다. (면담 2, 괄호 안은 필자 삽입)

참여연대는 1998년 6월 29일 민주노총, 경실련, 한국여성단체연합 등 시민 단체들과 연대하여 '국민기초생활보장법 제정과 저소득 실업자 생활보장 방안'을 주제로 다시 정책 공청회를 열었다. 그리고 여당인 새정치국민회의를 접촉했으나 국민회의는 법 제정에 미온적이었다. 당시 이성재 의원은 국민회의 내에서 가장 적극적으로 이 법의 제정을 추진한 인사였다. 이성재 의원은 빈곤 문제나 국민복지 기본선에 대해 오래전부터 깊은 관심을 가지고 시민운동 단체와 교감했었다. 그리고 국민회의에 실업대책위원회를 만들고 대통령에게 보고도 하면서 실업 대책의 하나로 기초보장법 제정을 대통령에게 건의했었다. 그런데 그는 법안에 힘을 싣기 위해 의원 개인으로서가 아니라 당론으로 기초생활보장법을 발의하기를 원했다. 그러나 당내 분위기는 미온적이었고, 정책위원장이나 원내총무 역시 이에 부정적이었다. 엄청난 예산이 소요될 이런 패러다임 전환적 법안이 과연 가능하겠는가라는 분위기가 지배적이었다는 것이다(면담 1).

이렇게 새정치국민회의 내 사정이 지지부진하자 연대회의는 한나라당의 김홍신 의원을 접촉했다. 그리고 긍정적 답변을 얻어 냈다. 빈곤 문제에 관심이 많았던 김홍신 의원은 이런 법 제정이야말로 보수 정당이 해야 할 일이라고 이회창 총재를 설득했다고 한다. 연대회의 공동 의장이었던 송경용 신부 역시 친분이 있던 이부영 한나라당 원내총무를 만나 "이것이 (돌아가신 빈민 운동가-필자 삽입) 제정구 선생의 유지를 받드는 길"이라고 설득했다(면담 3).

마침내 7월 23일 참여연대는 26개 사회 단체와 연대하여 한나라당 김홍신 의원을 소개의원으로 국회에 '국민기초생활보장법 제정 입법 청원'을 냈다. 연대 단체들은 법 제정 촉구 대회도 열었다. 이런 시민운동 단체들의 열성적 노력은 외환 위기 이후의 빈곤 문제에 대한 사회적 관심을 환기하는 역할을 했다. 게다가 이 무렵 생활고에 시달리던 대구의 한 아버지가 보험금을 노리고 아들의 손가락을 자르는 사건까지 발생했다. 들끓는 여론 속에 기초보장법 제정은 점차 현실성을 띠게 되었다.

이런 비등하는 여론 속에, 그리고 한나라당 국회의원이 국민기초생활보장법 청원 소개의원으로 나선 데 자극받아, 여당은 시민사회단체의 입법 청원안을 토대로 1998년 8월 국민기초생활보장법안을 당론으로 확정하고 입법을 추진하기로 결정했다. 이후 우여곡절을 거쳤지만 새정치국민회의는 당론 확정 뒤, 1998년 10월 9일 이성재 의원을 대표 의원으로 하여 기초보장법안을 발의했다. 그리고 마침내 같은 해 12월 임시 국회 보건복지위원회 법안심사소위는 여·야안을 기초로 하고 정부와의 합의안을 수용하여 위원회의 대안으로 기초보장법을 의결했다.

첫 단추는 끼워졌다. 그러나 당정협의를 제대로 거치지 못했던 이 법안에 대해 주무 부서인 보건복지부는 소극적 태도를 보였다. 전담 인력과 소득 파악 장치 등 실행 인프라 부족 때문이었다. 기획예산처는 여전히 소요 예산 규모를 이유로 강력히 반대했다. 이런 분위기 속에 결국 법안은 정부의 심의 보류 요청에 의해 법안심사소위의 심의만 마친 후 상임위에 회부되지 못한 채 법안심사소위에 계류되었다.

'98년 12월 기초보장법안의 법안심사소위 계류부터 김대중 대통령의 '울산 발언'이 나온 1999년 6월까지는 정책 대안 수립 단계(1998.12.~1999.06.)라고 할 수 있다. 기초보장법이 법안심사소위에 계류된 채 임시 국회가 끝나자 법 제정은 매우 불확실해졌다. 그러다 결국 1999년 4월 30일 정부 내 부처 간 실무자 회의에서는 법 제정 유보 결정이 내려졌다. 5월 재경부 예산 편성 지침이 확정될 예정이었으나 기초보장법이 예산안에 포함될 가능성은 거의 없어 보였다. 그리고 이럴 경우 1999년 내 법 제정은 거의 무망할 것으로 비쳐졌다.[5]

사태가 이렇게 전개되자 시민 단체들은 5월 내에 뭔가 결정적인 행동이 필요하다는 판단을 하게 된다.[6] 그리고 현상을 돌파하기 위해 조직력을 강화하는 작업을 시작했다. 참여연대는 명망 있는 성공회 신부이자 지역의 대중적 운동 조직과도 폭넓은 관계를 맺고 있던 송경용 신부와 손잡고 범사회적 연대 기구 구성에 들어갔다. 송경용 신부를 준비위원장으로 하여 몇 차례의 실무 회의를 거친 뒤 마침내 1999년 3월 4일 사회적 안전망 구축을 위한 상설 연대 기구로 28개의 노동, 빈민, 지역 운동 단체, 그리고 민주노총, 민주화를위한변호사협의회, 한국여성단체연합 등이 참여한 <국민기초생활보장법 제정추진 연대회의>(이하 연대회의)가 만들어졌다. 이로써 법 제정 운동은 대중적 기반과 조직을 갖춘 대중 운동으로 거듭나게 되었다.[7]

1999년 3월 4일 발족식을 갖고 탄생한 연대회의는 1999년 정기국회 통과를 목표로 구체적인 활동 계획을 수립했다. 그 첫 번째 사

5 안병영. 2000. "국민기초생활보장법의 제정과정에 관한 연구." 『행정논총』 제38집 제1호, pp. 8~10.

6 참여연대. 2000. "국민기초생활보장법 제정추진 연대회의 회의자료 (1990.04.22). 『참여연대 사회복지운동 10년의 기록』 p.825.

7 문진영. 2001. "DJ 정부의 사회복지제도의 발전과 NGO의 역할: 국민기초생활보장법을 중심으로." NGO학회 발표문.

업으로 3월 17일 '국민기초생활보장법 제정의 쟁점과 전망'이라는 제목으로 국회 의원회관에서 공청회를 개최했다. 또한 여러 차례에 걸쳐 성명서를 발표하고 서명 작업을 조직했다. 그러나 계획했던 대중 사업, 즉 '기초생활보장법 제정을 위한 전국 실업자 거리 대행진'이나 '사회 안전망 구축 촉구 인간 안전망 잇기' 등 대중적 이벤트들은 별 주목을 받지 못했다. 노조처럼 동원 가능한 자기 조직력을 가지지 못한 시민운동, 그리고 그런 시민운동 단체들의 연대 조직의 한계가 드러나는 대목이라고 하겠다.

한편 이 시기는 치열한 논쟁 속에 법 제정론과 반대론, 혹은 시기상조론이 각각 각축한 기간이기도 했다. 정책 개발의 핵심이었던 참여연대 사회복지위원회는 수차례의 공청회와 내부 전문가 작업을 통해 쟁점의 세부 사안들을 정교화했다. 발족식 직후 개최한 3월 17일 공청회에서는 연대회의와 행정부처들 간의 입장 차가 분명하게 드러났다[8].

노동부는 소득 보장의 성격을 갖는 기초보장법을 제정하기보다는 공공 근로 사업이나 취업 알선 등, 고용 유지를 통해 빈곤 문제에 대응해야 한다는 입장이었다. 보건복지부는 참여연대가 제시하는 입법 취지나 정책 방향에 대해서는 일반적으로 동의했다. 그러나 기초보장법 제정을 위해서는 실제 업무를 수행할 사회 복지 전문 요원의 확충, 소득과 재산 파악을 위한 전산망 완비, 전문 요원의 전산 정보

8 남준우. 1999.「사회복지정책의 결정과정에 대한 연구 - 국민기초생활보장법 제정과정을 중심으로」. 연세대 행정대학원 석사학위 논문. pp. 66~67.

접근 보장이 선행되어야 하고, 무엇보다도 예산과 관련된 정부 내 합의가 선행되어야 한다고 주장했다.

예산청[9]은 기초보장법 제정 자체에 반대했다. 기존의 생활 보호 제도 유지를 주장하던 예산청은 법안의 상임위 통과가 유력해지자 국민회의·자민련 양당의 국정협의회 회의에 공식적으로 반대 의견을 제시하였다. 1999년 4월부터 2000년 1월까지 기획예산처 복지노동예산과 과장으로 일했던 진영곤 씨는 당시만 해도 기획예산처 내에서 복지에 대한 인식이 지금과는 굉장히 차이가 컸을 때여서 복지를 어쩔 수 없는 지출, 소모성 지출, 쓰고 없어지는 지출로 보는 분위기가 있었다고 술회했다(면담 6).

이 시기의 전체적인 모습은 지리한 정책 공방 속에 법안이 '시기상조론'을 넘지 못한 채 점차 미궁으로 빠져드는 형국이었다고 할 수 있다. 그러나 연대회의를 비롯한 기초법 제정 운동 주체들은 어떻게든 법안을 살려 내려는 의지 속에 정책 결정의 핵심 라인을 설득하는 작업에도 진력했다. 연대회의의 문진영 정책위원장과 신필균 집행위원이 청와대를 방문하여 김성재 민정수석, 김한길 정책기획수석을 면담하고 기초보장법 제정의 필요성을 역설했다(면담 4, 면담 5). 연대회의는 행정부처, 즉 보건복지부, 노동부, 국무조정실 등의 관계 인사들을 지속적으로 접촉하며 설득 작업을 벌였으나 이들

9 1998년 정부조직법 개정으로 재정경제원이 재정경제부가 되면서 재정경제부 소관이던 예산 업무가 대통령 직속의 기획예산위원회와 재정경제부 산하의 예산청으로 분리되었다. 그러나 1999년 5월 정부조직법이 다시 개정되어 기획예산처가 신설되면서 예산청은 기획예산처의 예산실로 축소 개편되었다.

은 이 단계까지 여전히 소극적이었던 것으로 보인다. 연대회의는 당과 국회 쪽으로는 국민회의 이성재 의원과 한나라당 김홍신 의원을 통해 여야의 지원을 끌어내기 위해 노력했다.[10]

이런 가운데 김대중 대통령의 울산 발언이 나왔다. 김대중 대통령은 1999년 6월 21일 울산시청에서 울산광역시 업무 보고를 받은 뒤, "국민기초생활보장법을 만들어 국민이 생활에서 안심하고 살아갈 수 있도록 국가가 대책을 세우겠다."라고 발언했다. 대통령의 이 한마디는 사그러드는 것 같던 기초보장법 제정 과정에 강한 추진력을 부여했다. 대통령이 무소불위 권력을 가지고 있던 권위주의 시절을 지나온 지 얼마되지 않은 당시 시점에서 대통령의 한마디는 여전히 막강한 위력을 가지고 있었다. 특히 행정부처들은 전향적 자세로 급속히 전환했다. 행정 조직 개편 후 예산청의 업무를 인계받은 기획예산처는 이제 더 이상 법 제정 자체를 반대하지는 못했다. 그리고 이로써 법 제정 과정도 의제 형성에서 정책결정 단계로 접어들게 된다. 행정부 내에서는 관계 부처 실무 회의(7월 8일), 관계 장관 및 청와대 수석비서관회의(7월 10일)를 개최하여 법률안, 시행 시기 등에 대한 정부안을 마련했다. 또 여-야-정부 실무 협의(7월 30일)를 통해

10 복지 문제에 대한 한나라당의 전반적 입장이 보수적임을 고려할 때 기초보장법 제정 과정에서 김홍신 의원의 적극적 역할과 한나라당의 '관대한 무관심'은 매우 이례적인 것으로 보인다. 연대회의 공동위원장이었던 서강대 문진영 교수는 김홍신 의원 개인이 이 법안에 관심이 많았으며, 그 중요한 원인 중 하나는 사회 복지를 전공한 개혁적이고 유능한 보좌진들의 존재라고 지적했다. 또 한나라당은 대체로 기초보장법에 무관심한 채 이 문제를 김홍신 의원에게 일임했고, 선거가 가까운 마당에 정당으로서는 일종의 선심성 정책일 수 있는 이 정책에 반대하기 어려웠을 것이라고 해석했다(면담 4).

협의안을 도출해 법 제정 쪽으로 성큼 다가갔다.

이렇게 법 제정 과정에서 대통령 발언이 차지한 비중이 워낙 높았기 때문에, 과연 어떤 경로를 통해 울산 발언이 나오게 되었는가는 많은 사람들의 관심이 쏠린 질문이었다. 면담 결과, 대부분의 관련자들은 민정수석실의 김성재 수석이나 국민회의 이성재 의원 쪽의 건의가 마침내 대통령을 움직였다는 쪽에 무게를 두고 있었다. 다음은 이성재 의원의 증언이다.

> 제가 (법 제정 추진함에 있어) 당 정책위원장한테 계속 막히잖아요. 그러니까… 고민을 하다가, 나를 정치권으로 끌어들인 게 김성재 교수님이란 말이에요. 그 당시 민정수석으로 갔다가 그 다음에는 정책수석으로 갔거든요. 김성재 교수님을 만났지. 그리고 나서 "나 국회의원 안 할란다, 내가 국회의원이 된 것은 이런 법안 만들어 보려고 한 것인데 도저히 안 됩니다, 아무리 해도…." 그러니까 교수님이 일단 기다려 보라고 했어요. 그러면서 "나도 도와주든지, 해결을 해야지."라고 이야기를 했어요… 그 뒤에 전화가 왔지. "대통령한테 보고 드렸다…." "보고 드렸다."는 아무 의미가 없잖아, 나로서는… "나 사퇴합니다, 내가 변호사 해도 먹고 사는데…." 그러는데 전화가 왔어요. "두 시에 라디오를 틀어 봐." 나는 그날 대통령이 울산을 가시는지 어딜 가서 뭘 하는지 어떻게 알겠어요. 들어보라고 해서 들었는데 그때 '이것(국민기초생활보장법)도 만들고'라고… 딱 이야기가 나온거지!… 그래서 결정적으로, 내가 볼 때는 (김성재 수석이) 몇 번에 걸쳐서 그때 대통령님께 설득을 했던 것 같습니다. (면담 2, 괄호 안은 필자 삽입)

실제로 본인도 참여연대 출신으로 진보적 학자였던 김성재 수석은 자신이 울산 발언 말씀 자료에 국민기초생활보장법 건을 끼워 넣었으며 "…울산에 가는데,… 대통령께 꼭 (기초법 제정을) 말해야 한다고 했다."라고 건의했다고 당시를 떠올렸다(면담 7, 괄호 안 필자 삽입).

한편 울산 발언 직전인 6월 15일에는 새로 임명된 차흥봉 보건복지부 장관의 대통령 업무 보고가 있었다. 이때에도 장관은 "관계 부처 및 당과 협의를 거쳐 국민기초생활보장법을 연말까지 제정하여 2001년부터 시행하겠다."라는 보고를 했다고 한다(면담 8).[11] 결국 최종 판단은 대통령 자신의 것이었겠으나 이런 건의와 보고들이 울산 발언을 만들어 냈다고 봐야 할 것이다.[12]

한편, 이후 국회 쪽을 보면, 국민회의 쪽에서는 이해찬 정책위의장, 정세균 제3정책조정위원장이 힘을 보탰다. 또 한나라당 쪽에서는 김홍신 의원이 이성재 의원과의 협력하에 당 지도부를 설득했다. 이렇게 상황이 바뀌자 연대회의는 1999년 9월 정기 국회 통과를 목표로 적극적인 활동에 나섰다. 법안을 정교화하기 위해 여론 수렴용 공청회를 개최하고, 법 제정 촉구 대회를 여러 차례 열었다. 또 여야 양대 정당의 정책위의장과 원내총무, 그리고 보건복지위 법안심사

11 강신욱, 허선, 정호원. 2004.『국민기초생활보장법 제정과정 분석』. 한국보건사회연구원.

12 2019년 9월 3일 국민기초생활보장법 제정 20주년 기념식에 참석한 김홍신 의원은 "원래 수많은 사람들이 과녁을 향해 화살을 쏴야 명중이 되는 것인데, 이 법은 다수가 화살을 쏘고 과녁을 그렸던 것 같다."라고 회고했다(『한겨레』. 2019. 09. 04. http://m.hani.co.kr/arti/society/society_general/908446.html#cb. 검색일: 2020.12.28.). 대통령의 결심은 여럿의 노력이 합쳐져 만들어진 결과라는 것이다.

소위 위원 전원 등을 개별 면담하면서 연대회의 안을 관철시키기 위해 힘썼다. 박준규 국회의장과 한나라당 이회창 총재, 국민회의 김영배 총재 권한 대행에게는 기초보장법 제정을 촉구하는 서한을 보내, 당 지도부가 법안 통과에 주도적 역할을 해 줄 것을 요구했다.

또한 연대회의 정책위원회는 단기간에 법 제정을 위한 실무적 준비를 해야 했던 보건복지부와도 긴밀하게 협력하여 법안을 다듬었다. 사실 법 제정까지의 시간은, 공공부조의 패러다임적 전환을 가져온 법 제정 준비 기간으로는 지극히 짧았는데, 그나마 김미곤 위원의 초안이 이런 실무적 진전을 가능하게 했다고 할 수 있다. 연대회의는 한편으로 부처 간 이견 조정에 나서기도 했다. 이 과정에서 연대회의는 자신의 애초 입장에서 일정 정도 후퇴도 감수하는, 타협적이고 융통성 있는 태도를 보였다.

예상과 달리 국민회의가 빨리 움직이지 않자 연대회의는 김홍신 의원을 비롯한 한나라당 쪽 동조 의원을 설득했다. 그 결과 7월 6일, 마침내 그동안 연대회의 정책위원회에서 다듬어 온 국민기초생활보장법안이 김홍신 의원 외 131명의 발의로 국회에 제출되었다. 한편, 이 무렵 김대중 대통령은 조속히 해결해야 할 개혁 과제 중 하나로 국민기초생활보장법 제정을 언급했는데, 이는 법 제정을 더욱 재촉하는 역할을 했다[13]. 1999년 8월 9일 국회 보건복지상임위 법안심사소위는 김홍신 안과 1998년 12월 법안심사소위를 통과한 안을 절충하여 상임위 대안을 만들고, 이날 이를 법안심사소위와 상임위에서

13 안병영, 위의 논문, pp.12~13.

의결했다. 그리고 8월 12일, 마침내 국민기초생활보장법이 임시 국회 전체 회의를 통과했다.

김대중 대통령은 기초보장법에 서명하면서 "우리 사회에서 돈이 없어 굶어 죽거나 돈이 없어 공부를 못 하는 일이 없게 된 것을 기쁘게 생각합니다."라고 말했다. 이후 자서전에서도 "보수층 일각에서는 '사회주의적 접근 방식'이라고 공격했다. 정부 내에서도 시기상조라는 의견이 많았다. 하지만 나는 망설이지 않았다. 동시대를 같은 공간에서 사는, 나와 같은 인간이 굶주림에 시달린다는 것은 너무도 잔인하고 또 가슴 아픈 일이었다."[14]라고 회고했다.

국민기초생활보장법의 통과로 변화된 사항을 과거 생활보호법과 비교하여 정리하면 <표 5-3>과 같다. 둘 사이의 가장 큰 차이는 과거의 생활보호법이 18세 이상 65세 미만의 근로 능력 보유자를 수급 대상에서 원천적으로 제외한 데 비해, 기초보장법은 가구원의 노동 능력과 무관하게 소득이 최저생계비 이하인 가구의 가구원은 수급자로 선정될 수 있고, 생계 급여를 받아 기초 생활을 보장받을 수 있게 했다는 점이다. 이는 원칙상 기초 생활보장을 모든 시민의 권리이자 국가의 의무로 새롭게 정의한 것으로, 한국 빈곤 정책의 역사에서 새로운 장이 시작되었음을 의미한다. 이런 법 정신에 맞추어 기초 생활보장에 관한 법률 용어들도 시혜적 성격에서 벗어나 권리적 측면을 강조하는 것으로 바뀌었다.

14 김대중, 위의 책, p.342.

<표 5-3> 생활 보호 제도와 국민 기초 생활보장 제도의 비교

| 구분 | 생활 보호 제도 | 기초 생활보장 제도 |
|---|---|---|
| 법적 성격 | 시혜성 보호 | 국가의 의무와 시민의 권리 |
| 법률 용어 | 시혜성 용어: 피보호자, 보호 기관, 보호 대상자 | 권리성 용어: 수급자, 수급권자, 보장 기관 |
| 대상자 | 인구학적 기준에 의한 대상자 구분<br>- 거택 보호자: 18세 미만 65세 이상<br>- 자활 보호자: 인구학적으로 경제 활동 가능자 | 대상자 구분 폐지<br>- 취업 여부, 연령 불문 수급이 필요한 자<br>- 연령 기준 외 신체적 정신적 능력과 부양, 간병, 양육 등 가구 여건 감안 가능 |
| 대상자 선정 기준 | - 부양 의무자 ∩ 소득 ∩ 재산<br>- 소득과 재산 기준의 이원화 | - 부양 의무자 ∩ 소득 인정액<br>- 소득 인정액 단일 기준(소득 인정액이 최저생계비 이하인 모든 국민) *2003년부터 실시<br>- 소득 평가액과 재산이 최저생계비 이하인 자(2002년까지 유지) |
| 급여 종류 | - 생계 보호(거택 보호자만 지급)<br>- 의료 보호<br>- 교육 보호<br>- 해산 보호<br>- 장제 보호<br>- 자활 보호 | - 생계급여 확대: 모든 대상자에게 지급하되 근로 능력자는 자활 관련 사업에 참여할 것을 조건으로 지급<br>- 의료, 교육, 해산, 장제, 자활 보호 유지<br>- 주거급여 신설<br>- 긴급 급여 신설 |
| 자활 지원 계획 | | 근로 능력자 가구별 자활 지원 계획 수립을 통한 자활 지원<br>- 근로 능력, 가구 특성, 자활 욕구 등을 토대로 자활 방향 수립<br>- 자활에 필요한 서비스를 체계적으로 제공하여 수급권자의 궁극적인 자활을 촉진 |

자료: 보건복지부, <국민기초생활보장 사업안내>, 2001.

한편, 이렇게 제도가 잔여적인 것에서 보편적인 것으로 바뀌어 잠재적 대상자 집단의 규모가 갑자기 커지게 되면서 대상자 선정 기준은 역설적이게도 더 엄격해졌다. 재정 소요의 급속한 증가에 대한 우려 때문이었다. 대상자 선정 기준 문제는 시행령, 시행 규칙을 제정하는 법의 구체화 단계에서 가장 큰 쟁점이 되었다. 새 법은 또한 근로유인의 제고를 위해 18 ~64세의 근로 능력자들은 원칙적으로는 자활사업에의 참여를 조건으로 생계 급여를 지급할 수 있도록 했다. 주거급여는 신설되었으나 부처 간 이견과 시행상의 문제점들을 이유로 당장 실시는 유보되었다. 주요 쟁점들은 아래에서 상세히 살펴본다.

### *후속 발전 단계(1999.08. ~ 2000.08.)*

법 통과 후 시행령과 시행 규칙 제정 과정은 기초보장법의 구체적, 실질적 내용을 좌우하는 기초보장법 제정 정치의 또 다른 회전(round)이었다. 현대 사회에서 주요 정책 문제들은 특정 행정 기관의 관할 영역에 배타적으로 속하기보다는 여러 행정 기관과 중첩적 관련을 가진다. 따라서 정책결정은 관련 부처들의 선호와 권력 관계를 반영하게 된다. 물론 연대회의와 언론, 연구자들을 비롯한 시민사회의 전문가 그룹도 일정한 역할을 했다. 그러나 이 단계 복지정치의 핵은 상이한 정책 목표를 갖는 행정 부처들이었다. 기초보장법 실행과 관련된 행정 부처는 보건복지부, 노동부, 기획예산처로 집약할 수 있다. 이들은 서로 다른 이념과 부처 이해관계, 그 결과 도출된 정책 선호를 가지고 자신들의 입장을 관철하기 위해 각축했다. 확정된 시행령·시행 규칙은 이런 부처 간 권력 관계를 각인한 것이었다. 이제 이 과정을 좀 더 자세히 살펴보자.

우선 기획예산처는 자유주의적 입장에서 이 법에 내재된 빈곤에 대한 국가 책임 확대를 최소화하고자 했다. 기획예산처는 영국·미국 등을 예로 들며 한국의 기초보장법이 빈곤에 대한 국가 책임의 축소와 개인 책임의 강화라는 세계적인 추세에 역행하고 있다고 주장했다. 그리고 사회복지는 한번 실시하면 줄이기 어려운 '비가역성'을 가지고 있고, 일할 능력이 있는 자까지 공적 부조를 지급하는 것은 근로 의욕을 저하시키게 된다고 역설했다. 근로 능력이 있는 자는 직업 훈련과 일자리 제공에 역점을 두어야 하며, 공적 부조는 꼭 필요한 자에게만 적정 수준에서 지급되어야 한다는 것이었다.

이 시기 기획예산처 복지노동예산과장 진영곤 씨는 예산처가 가장 우려했던 것은 재정 소요의 증가였다고 밝히고 있다. 다음은 그의 술회이다.

> (기획예산처가 어떤 정책을) 재정 부담을 이유로 반대할 때는 재원을 대개 맥시멈으로 잡아서, 그것을 이유로 반대하는 경우가 있습니다.… 당시 최저생계비 측정을 위한 협의 과정에서 재정 부담을 고려한 것은 기획예산처랑 재정경제부 두 부처뿐이었고, 다른 심의위원들은 다 넉넉하게, 관대하게,… 노조 쪽에서도 당연히 그랬고 언론계, 심지어는 경총에서 온 사람도,… "이것은 우리하고는 관계 없다, 물론, 세금에서 나가지만 간접적이고 기업에 직접 부담으로 안 온다(는 식의 태도였다)."(면담 6, 괄호 안은 필자 삽입)

기획예산처가 곳간지기로서 악역을 할 수 밖에 없었다는 것이다. 법 통과 후 제도 준비 과정에서 예산처의 실무진에 의해 준비된 한 문건에는 ① 구 생활 보호 제도처럼 일단 예산을 정하고 예산 범위 내에서 대상자 책정을 하며, ② 근로 능력자와 무능력자의 생계비를 차등 지원하자는 계획이 담겨 있었다. 이 문건을 입수한 연대회의는 항의 집회를 조직하고, 기획예산처 장관 면담을 신청한다. 연대회의는 5월 2일 진념 기획예산처 장관을 만난 자리에서 이 두 가지 사항에 대해 질의했고, 장관으로부터 예산상의 이유로 수급자 규모를 제한하지 않을 것이며 근로 능력자인 조건부 수급자에게 생계 급여를 차별 지급할 계획이 없음을 확인받았다.[15]

이와 같은 개인 책임 우선과 근로 의욕 고취라는 기획예산처의 입장은, 시민 사회 쪽에서는 보수 언론과 자유주의적 학자들에 의해 지지되었다. 예컨대 『월간조선』 2000년 7월호 좌담은 <국민기초생활보장법의 10월 실시는 미뤄야,… 예상 인원 초과, 가구 소득 조사 능력 부족으로 대혼란 필지(必知)>라는 제목하에 제정된 기초보장법의 취지와 내용에 반대하는 논리들을 집중적으로 소개했다.[16] 도덕적 해이와 정부의 재정 부담 가중, 행정 인프라 부족으로 인한 혼란 등이 비판의 주대상이었고, 결론은 기초보장법 실시를 연기해야 한다는 것이었다. 당시 기초보장법에 관한 다음과 같은 신문 기사 제목들

15 기초생활보장연대회의. "기초생활보장연대회의 집행위 회의록" (2000. 5. 4; 2000, 5. 9). 참여연대. 2004.『참여연대 사회복지운동 10년의 기록』.참여연대.

16 좌담 참여자는 김인호 국가경영전략연구원 원장, 안종범 성균관대 교수, 나성린 한양대 교수, 김진수 강남대 교수, 김영하 조선일보 논설위원이었다.

은 기초보장법에 대한 언론의 비우호적 입장을 잘 보여 준다: "기초생활보장제, 부실 우려"(조선일보 2000. 7. 6.); "기초 생활보장제 더 보완해야"(조선일보 2000. 9. 27. 사설); "가짜 빈곤층 판친다, 공돈 주는데,… 하던 일도 손 놔"(중앙일보 2000. 9. 26.); "기초생활보장법 준비 기간 너무 짧아"(중앙일보 2000. 9. 28.).

한편 보건복지부는 법 제정이 기정사실화되자 제도의 구체적 부분들을 디자인하기 위해 분주히 움직였다. 복지부는 예산처, 행자부, 노동부를 비롯한 정부 타 부처 대표들과 학계 전문가들, 노동계와 시민 사회 대표를 아우르는 국민기초생활보장추진단을 구성했다. 복지부는 연대회의가 주도하여 마련했던 기초보장법안을 대부분 받아들여 정부안을 작성했던 만큼 기본적으로는 빈곤 구제에 대한 국가 책임의 강화라는 연대회의의 입장을 공유했다고 볼 수 있다. 그러나 복지부의 자세는 여전히 소극적, 수세적이었다. 김 대통령의 울산 발언 이후로는 보다 적극적 입장으로 변했으나, 시행령·시행 규칙 입법 예고 이후에도 부처의 안을 강하게 주장하기보다는 기획예산처의 입장에 계속 순응하려는 태도를 보였다.

이후 연대회의는 보건복지부를 외부에서 지원하여 기초보장법 제정의 취지가 시행령·시행 규칙 제정 과정에서 훼손되지 않도록 방어하는 역할을 했다. 연대회의는 법 제정 이후 때로는 복지부와 협조적 관계를 유지하면서, 때로는 복지부의 소극적 태도를 비판하며 기초보장법이 원래의 취지대로 시행될 수 있게 하기 위해 진력했다. 예컨대 기획예산처의 '복지병'과 '근로 의욕 감퇴' 논리에 대해 보건복지부가 소극적으로 침묵한 반면, 연대회의는 적극적으로 반박했다.

참여연대는 기획예산처나 재경부의 논리에 맞서 다음과 같이 반박했다. 첫째, 복지 제도 확대와 근로 의욕 감퇴의 상관성이 학문적으로 입증된 바 없다. 둘째, 근로 의욕 감퇴 논리가 고성장·저실업 사회에는 타당할지 몰라도 저성장·고실업 사회가 된 한국 사회에는 설득력이 없다. 셋째, 기초보장법에서 보장하고 있는 급여 수준은 그야말로 최소한도의 수준이어서 이 정도 급여로 근로 의욕이 저해된다고 생각하는 것은 기우에 불과하고, 결국은 헌법이 보장한 인간다운 생활을 할 권리를 부인하는 것에 다름 아니다.[17] 대부분의 사회복지학자들도 법 제정 이전과 이후 벌어진 논쟁 과정에서 시민 단체/복지부 안을 지지하는 입장에 섰다.

한편, 노동부는 기본적으로 근로 연계 복지(workfare), 즉 일을 통한 자활을 우선적으로 추구한다는 점(work first)에서 근로 능력과 상관없이 기초 생활보장을 우선시하는(security first) 보건복지부 및 연대회의의 입장과 대립하였다. 이런 노동부의 입장은 영국과 미국에서 90년대 중반 이후 활성화되기 시작한 '복지에서 노동으로'(from welfare to work)의 흐름과 궤를 같이하는 것이었다.

이에 따라 노동부는 기초법 제정이 기정사실화된 뒤에도 기초생활보장법 대신 '저소득 실직자 생활 안정 방안'을 마련해 근로 능력이 있는 빈곤자는 우선 공공 근로나 취로 사업 등에 참여시키고, 그

17 허선, 위의 글.

래도 소득이 최저생계비에 미달하면 기초보장법에서 보충 급여를 하자는 '선노동 후급여' 주장을 내세웠다. 법 제정 과정에서 쟁점들이 대체로 복지부 주장대로 정리된 이후에도 두 부처 간의 갈등의 불씨는 완전히 사라지지 않았고, 시행령·시행 규칙의 준비 과정에서 다시 점화된다. 노동부가 복지부는 생활 안정 사업만 맡고, 자활 사업은 모두 자기 부처가 관장하겠다고 주장했던 것이다.

그렇다면 이렇게 '빈곤에 대한 국가 책임의 확대의 최소화'(기획예산처), '사회적 시민권으로서의 기초 생활보장'(복지부), '근로 연계 복지'(노동부)라는 상이한 기본 입장을 가지고 있었던 세 행정 부처들은 구체적으로 어떤 쟁점들을 두고 대립했는가? 그리고 그 대립은 어떻게 해소되었는가?

먼저 선정 기준을 보면(<표 5-4> 참고), 생활보호법에서 소득, 재산, 부양 의무자 기준으로 세 가지였던 선정 기준은 기초보장법으로 넘어오면서 토지, 주거, 자동차 소유 여부가 추가돼 여섯 가지가 되었다. 여기에 재산 기준과 부양 의무자 기준도 전보다 강화되었다. 주거 기준은 15평 이상의 주택 소유자나 20평 이상의 전월세입자를, 자동차 기준은 배기량 1500cc 이상 차량의 소유자를 수급 대상에서 제외하도록 했다.

재산 기준 강화에 대해, 연대회의는 재산 기준은 그 재산의 이자 수입으로도 최저 생계가 유지될 때에만 의미를 갖는 것이라며 사실상 선정 기준 강화를 강하게 비판했다. 그리고 이 새로운 재산 기준을 과거 생활보호법하에서의 재산 기준으로 재조정할 것을 요구했다. 그러나 최종적인 결정은 결국 기획예산처의 주장대로 강화된 새 기준을 확정하는 것이었다.

부양 의무자 기준의 경우에도 범위 기준은 생활보호법과 동일했으나, 부양 능력 판정 기준은 시행 규칙 제정 과정에서 이전보다 오히려 강화되었다. 2000년 2월 시행령·시행 규칙 입법 예고와 더불어 가진 공청회에서 복지부는 부양 의무자 가구 소득이 두 가구(수급 가구와 부양 의무자 가구) 각각의 최저생계비의 120% 이하로 할 것을 제안했다. 그러나 기획예산처는 부양 능력 판정에 이런 소득 기준 외에 재산 기준을 추가할 것을 주문했다. 즉 부양 의무자 가구의 재산 소득 환산액이 수급자 및 그의 부양 의무자 각각의 최저생계비의 42% 이상인 경우 부양 능력이 있는 가구로 판정한다는 것이었다. 연대회의는 재산 기준의 추가에 크게 반발했고, 소득 기준 역시 두 가구 최저생계비 합의 130% 이하가 되어야 한다고 주장했다. 그러나 연대회의 주장은 힘을 발휘하지 못했다. 최종안은 결국 두 가구 최저생계비 합의 120% 이하라는 소득 기준에 재산 기준 추가라는 기획예산처의 주장을 반영한 것이었다.[18]

18 여유진, 이현주, 김미곤, 강신욱, 김계연. 2004.『공공부조의 가치기반과 제도적 반영: 국민기초생활보장제도 형성과정을 중심으로』. 한국보건사회연구원.

### <표 5-4> 국민기초보장법 세부 쟁점에 대한 입장 차이와 그 귀결

| 쟁점 | | | 연대회의 | 보건복지부 | 기획예산처 | 노동부 | 확정안 |
|---|---|---|---|---|---|---|---|
| 기본 입장 | | | 국가 책임 확대/ 시민권으로서의 기초 생활 보장 | 국가 책임 확대/ 시민권으로서의 기초 생활 보장 | 국가 책임 확대 최소화 / 근로 동기 유지 | 근로 동기 유지/ 근로 연계 복지 | 절충 |
| 선정 기준 | 재산 기준 | | 다른 기준과 함께 사용되는 기준이므로 너무 낮음. | 주거용 토지 중 5천만 원 이하가 76%로 별 문제 없음. | | | 시가 기준 2900만 원 (1~2인) 3200만 원 (3~4인) 3600만 원 (5~6인) |
| | 부양 의무자 기준 | 범위 | 직계 혈족 및 그 배우자 생계를 같이 하는 2촌 이내 혈족 | 직계 혈족 및 그 배우자 생계를 같이 하는 2촌 이내 혈족 | 직계 혈족 및 그 배우자 생계를 같이 하는 2촌 이내 혈족 | | 직계 혈족 및 그 배우자 생계를 같이 히는 2촌 이내 혈족 |
| | | 부양 능력 | 부양 의무자(가구) 소득이 부양 의무자와 수급권자 가구 각각의 최저생계비 합의 130%보다 많은 경우 | 부양 의무자(가구) 소득이 부양 의무자와 수급권자 가구 각각의 최저생계비 합의 120%보다 많은 경우 | 부양 의무자(가구) 소득이 부양 의무자와 수급권자 가구 각각의 최저생계비 합의 120%보다 많은 경우 | | 부양 의무자(가구) 소득이 부양 의무자와 수급권자 가구 각각의 최저생계비 합의 120%보다 많은 경우 |
| | | | | 재산 기준 추가 | | | 부양 의무자 가구의 재산의 소득 환산액이 부양 의무자와 수급 권자 각각의 최저생계비의 42% 이상인 경우 |
| | 차상위층 선정 | | 소득 기준 130% 미만 | 소득 기준 120% 미만 | 소득 기준 120% 미만 | 소득 기준 120% 미만 | 소득 기준 120% 미만 |

| 쟁점 | | 연대회의 | 보건복지부 | 기획예산처 | 노동부 | 확정안 |
|---|---|---|---|---|---|---|
| 급여 | 주거급여 | 신설 주장 | 반대 | 반대 | | 신설 (시행 유보) |
| | 근로소득 공제 | 소득의 50% 일반 근로 소득 | 소득의 50% 일반 근로소득 (취약 계층에 높은 공제율) | 소득의 10% (2003년부터) (취약 계층만) | 소득의 10% (2003년부터) (시장 근로 소득에 높은 공제율) | 소득의 10~15% (2003년부터) (취약 계층만) |
| | 대학생 학비 공제 | 입학금, 등록금 공제 | 입학금, 등록금 공제 | 공제 반대 | | 입학금, 등록금 공제 조항 삭제 |
| | 차상위층 급여 | 자활 및 의료급여 | 자활 및 의료급여 | 자활급여 | 자활급여 | 자활급여 |
| 자활 사업 주관 | | 보건복지부 | 보건복지부 | | 노동부 | 절충하여 분담 |

자료: 김미곤, 위의 글; 허선, 위의 글; 여유진, 위의 글로부터 재구성.

다음으로 급여와 관련해서는 부분적으로는 기획예산처안이, 부분적으로는 복지부나 연대회의안이 관철된다. 우선 주거급여를 살펴보면, 연대회의는 수급자들의 주거 상태 악화 방지를 위하여 주택 수리비나 임대료 보조를 위한 최소한의 현금 급여를 제공하는 주거급여 도입을 주장했다. 경제부처들의 반대에도 불구하고 기초보장법에는 주거급여가 도입되었다. 그러나 급여 산정 및 지급 방식에 대해서는 시행령·시행 규칙에 위임해 놓았다. 시행령·시행 규칙 협의 과정에서 기획예산처와 복지부는 주거급여의 도입에 반대한 반면, 연대회의는 도입을 주장했다. 결국 시행 규칙에는 수급자의 전월세 보조와 주택 유지 수선비에 관한 구체적인 지급 방안이 언급되어 연대회의 입장을 반영한 것처럼 보였다. 그러나 최종적으로 주거급여 실시는 유보되었다. 당장 수급자의 주거 형태의 다양성을 고려하는 시행 방안을 찾기 어려웠고, 주거급여를 도입해 현금 생계 급여로부터 주거급여를 분리할 경우 자가 소유 수급자에게 크게 불리할 것으로 예상되었기 때문이다.

급여와 관련된 또 하나의 중요한 쟁점은 근로소득 공제였다. 여기서도 각 부처는 기초보장법의 근본 쟁점에 대한 상이한 시각을 그대로 드러냈다. 복지부는 근로 유인 제고를 위한 소득 공제를 기초 보장제도 실시 첫해에 모든 근로소득에 적용해야 하며, 특히 취약 계층의 공제율을 높게 설정해 이들의 근로 활동을 장려해야 한다고 주장했다. 반면 노동부는 모든 근로소득에 대해 공제율을 적용하되, 특히 일반 노동시장 참여 근로소득에 대한 공제율을 더 높게 해야 한다고 주장했다. 국가에 의해 보호된 노동시장이 아닌 일반 노동시장 참여야말로 자활을 위한 지름길이며, 따라서 공공 근로보다 높이 평가되고 장려되어야 한다는 것이었다. 기획예산처는 추가 예산 확보의 어려움을 들어 첫해에는 모든 근로소득이 아닌 취약 계층의 근로소득, 예컨대 장애인, 학생, 자활 공동체 참여자의 근로소득에만 소득 공제를 할 것을 주장했다. 결국 기획예산처안이 최종안으로 채택되었다. 즉 소득 공제는 2002년부터 실시하되, 적용 범위는 장애인, 학생, 자활 공동체 참여자로 한정되었고, 공제율은 소득의 10~15%로 결정되었다.

급여와 관련된 마지막 쟁점은 차상위층 선정과 급여 문제인데, 이 역시 근로 능력이 있는 근로 빈민(working poor)의 소득 보장과 근로 유인 제고 문제에 관한 부처별 입장 차를 잘 드러냈다. 기초보장

제도의 수급 기준을 약간 상회하는 차상위층 선정 기준으로 복지부, 노동부, 기획예산처 '모두 소득이 최저생계비의 120% 이하'를 주장했으나 연대회의는 130%를 제안했다. 급여에 관해서는 복지부와 연대회의 모두 차상위층에 자활급여와 의료급여를 제공하는 안을 제시했으나 노동부와 예산처는 자활급여만을 제공하는 안을 제시했다. 복지부와 연대회의의 안은 빈곤 가구 중 의료비 부담이 큰 가구일 경우 자활을 기피하고 수급자로 남아 있으려 할 수 있다는 점을 고려한 것이었다. 그러나 기획예산처는 막대한 의료급여 예산 부담을 이유로 이에 반대했다. 결국은 예산처의 안대로 차상위층에게는 자활급여만 제공하도록 했다.

마지막으로, 근로 능력자의 자활 사업 수행 부처에 관한 논쟁과 귀결을 간략히 살펴보자. 근로 능력이 있는 조건부 생계 급여 대상자(약 25만~40만 명)에 대한 자활 사업을 누가 수행할 것인가는 기초생활보장과 빈곤층의 경제적 자립 촉진에 대한 접근 방법의 차이에 부처별 이해관계까지 맞물린 사안이었다. 노동부는 개인을 기본 단위로 보고 자활 사업을 실업 대책이라는 관점에서 접근했고, 취업이 곧 자활이라는 입장에 서 있었다. 그리고 자활 사업은 고용안정센터를 통해 취업 촉진 정책을 펴 왔던 노동부의 업무에 더 근접한 것이며, 따라서 노동부가 관장해야 한다고 주장했다.

반면, 복지부는 가구를 기본 단위로 보고 자활 사업 역시 빈곤 대책이라는 관점에서 접근하여 탈빈곤이야말로 진정한 자활이라는 입장을 취했다. 그리고 자활 사업은 기초보장 제도의 틀 내에서 소득 보장 대책과 유기적 연계하에 복지부가 담당하는 것이 타당하다고 주장했다. 연대회의 역시 보건복지부 입장을 지지했다. 노동부 안은 근로 능력이 있는 자활 사업 대상자들의 기본적 소득 보장을 불안한 것으로 만들어 결국 인구학적 기준과 무관하게 일정 소득 이하 모든 국민들의 기초 생활을 보장한다는 기초보장법의 취지를 훼손시킬 수 있을 것으로 보였기 때문이다. 이 논쟁은 복지부 주도하의 노동부와의 업무 분담이라는 타협안으로, 즉 복지부는 생업 자금 지원과 자원봉사 사업 등을 담당하고 노동부는 직업 알선, 직업 훈련, 공공 근로를 담당하는 것으로 마무리되었다.

정리하자면, 기초보장 제도 도입을 둘러싼 본격적인 이해 갈등과 타협은 법 제정 이후 집행될 법안의 구체적 내용을 확정하는 시행령·시행 규칙 제정을 둘러싸고 이루어졌다. 이 기초보장법 제정의 2회전의 핵심은 관련 행정 부처들 간의 상호 작용과 권력 역학 관계였다. 여기서 기획예산처는 정부 내에서의 우월한 지위를 이용하여 자신의 입장을 대부분 관철시켰다. 처음부터 주도적 입장에서 법 제정을 이끌어 오지 못했던 복지부는 대부분의 쟁점에서 기획예산처에 밀려 양보했다. 이는 시민 사회로부터 애초의 법 제정 취지를 형해화시킨다는 비판까지 불러일으켰다.

관료 정치라는 입장에서 보면 보건복지부는 자신의 입장을 뒷받침할 강경한 외부 세력, 즉 연대회의를 이용하여 여론을 동원하고 협의 과정에서 목소리를 높였을 법한데도 그렇지 못했던 것으로 보인다. 새 제도의 고객이 될 집단의 정치적 취약성, 절대적으로 부족한 인프라와 인력으로 인한 집행력에 대한 자신감 결여, 비우호적인 언론 환경 등과 함께, 기획예산처와의 구조적으로 불균형한 권력 관계가 그 이유였을 것으로 보인다.

노동부는 취업이 곧 자활이라는 기본 입장과 부처 간 이해관계로 인해 자활 사업 주관 부처, 근로소득 공제 등을 두고 복지부와 대립했고, 이런 대립은 법 시행에 적잖은 차질을 가져왔다. 원래 예정대로라면 2000년 3월 말까지 시행령·시행 규칙·지침이 완성되어야 함에도 불구하고 복지부는 5월까지도 노동부와의 협의가 끝나지 않아 아무런 공식 회의도 진행하지 못했다. 하지만 결국 세부안은 대체로 기초보장 제도 내에서 행정의 일원성을 확보하여 소득 보장과 자활 서비스를 긴밀히 연결시켜야 한다는 복지부의 주장대로 결정되었다. 즉 복지부는 노동부의 공세는 막아 낼 수 있었으나, 기획예산처의 압력에는 취약했다고 할 수 있다.

결국 2000년 2월 시행령·시행 규칙 입법 예고 후 부처 간 협의 과정에서는 기획예산처의 강한 입김으로 애초의 법 제정 정신과 의도를 훼손하는 선정 기준이 마련되었다. 그리고 5월에 들어서 수급자 선정 시한에 쫓기던 복지부는 아직 선정 기준에 대한 시행령과 시행 규칙이 확정되지 않은 상태에서 위 선정 기준에 준한 실무 지침을 마련해 수급자 신청을 받기 시작했다. 이에 연대회의 대표단은 기획예산처 장관을 면담하고 항의했다. 대표단은 우선 예산처의 실무선에서 검토하고 있다가 누출된 계획, 즉 구 생활 보호 제도처럼 일단 예산을 정하고 예산 범위 내에서 대상자를 선정하며, 근로 능력자와 무능력자의 생계비를 차등 지원한다는 안에 대해 사실 확인을 요청했다.[19] 진념 장관은 예산상의 이유로 수급자 규모를 제한하지 않을 것이며, 근로 능력자인 조건부 수급자에게 생계 급여를 차등 지급할 계획이 없음을 확인해 주었다. 그러나 예산처는 다른 연대회의의 주장들, 즉 생활 보호자 선정 기준보다 가혹해진 재산 기준의 수정 필요성과 새롭게 도입된 부양 의무자 재산 기준의 부적합성에 대해서는 전혀 동의하지 않았다. 당연히 백지화 요구도 받아들이지 않았다. 또한 소득 공제율 문제나 차상위층 의료급여 삭제에 대해서도 기존 입장을 고수할 뜻임을 분명히 했다.

이에 연대회의는 5월 4일 "무늬만인 기초보장법은 기만이다."라는 제하의 성명을 내어 예산처 장관과의 면담 결과를 발표했다. 또 5월 15일에는 복지 운동 단체들과 연합하여 국민기초생활보장법의 올바른 정착을 촉구하는 대정부 항의 집회를 조직했다. 그러나 연대회의의 활동은 이미 행정부 내의 문제가 되어 버린 구체적 시행 방안 결정에는 크게 영향을 미치지 못했다.

결국 기초보장법 제정 과정은 기초보장법의 이중적 성격 - 원칙적 보편성 및 진보성과 그 구체적 내용에 있어서 잔여성 및 자유주의적인 요소들 - 이 법 제정까지의 시민운동 단체의 영향력과 법 제정 이후 행정부 내 관료 정치의 영향력이라는 이중적 정치 과정에 각각 대응하는 것이었음을 확인시켜 준다. 기초보장법 제정 과정은 민주

19 참여연대. "기초생활보장연대회의 집행위 회의록"(2000. 5. 4; 2000. 5. 9.). 참여연대. 2004. 『참여연대 사회복지운동 10년의 기록』. 참여연대.

화 이후 복지정치의 변화와 그것의 한계 역시 잘 보여 준다. 즉 한편으로는 민주화로 열린 정치 공간에서 시민운동의 참여와 진보적 대통령이 이끄는 개혁적 행정부의 연합에 의한 개혁이라는 측면과, 다른 한편으로는 발전주의 시대의 유산과 신자유주의적 시대 분위기의 결합을 토대로 했던 관료 정치에 의한 개혁의 지연을 모두 보여 준다.

## 맺음말: 사회적 시민권 제도화를 위한 여정의 시작

국민 기초 생활보장 제도는 '민주주의와 시장 경제의 병행 발전', 그리고 '생산적 복지'라는 김대중 정부의 3대 국정 지표에 가장 잘 부합하는 복지정책이었다. 김대중 대통령은 "복지는 자선이 아니라 인권이다. 복지는 수혜자들에게 자활 의지를 북돋아 준다. 복지를 통해 경제 성장이 이루어진다"라고 보았다.[20] 대통령 자신이 민주주의-사회적 시민권-성장 간의 관계를 잘 인식하고 있었으며, 국민 기초 생활보장이 이런 인식에 잘 부합하는 제도임도 잘 인식하고 있었던 것이다.

물론 기초보장 제도가 가지고 있던 문제점들은 이런 이념과 철학이 얼마나 제도에 잘 구현되어 있는가를 묻게 한다. 가장 큰, 그리고 두고두고 문제가 되었던 것은 광범위한 제도의 사각지대였다. 공공부조 제도의 잠재적 대상자 집단의 규모가 갑자기 커지게 되자, 소요

20 김대중, 위의 책, p. 341.

예산의 급증을 우려한 예산부처는 시행령과 시행세칙 제정 단계에서 여러 가지 제한 조항을 통해 수급자 수를 통제하려 했다. 결국 엄격해진 선정 기준으로 인해 시행 첫해 수급자 수가 이전의 생활보장 대상자 수에 비해 더 적어지기까지 했다는 사실은 이 제도의 취지가 상당히 퇴색한 채 출범했음을 보여 주었다.

2015년, 국민 기초 생활보장 제도를 맞춤형 급여 체계로 개편하면서 교육급여의 부양 의무자 기준이 폐지되었다. 다시 2018년에는 주거급여의 부양 의무자 기준이 폐지되었다. 생계 급여의 부양 의무자 기준은 2021년에 현격히 완화되기는 했으나, 기초보장법 제정 60년이 지난 2023년 현재에도 완전히 폐지되지는 않고 있다. 핵가족화와 가족 해체, 1인 가구 증가 등으로 부모·자녀에 대한 개인의 부양 책임감이 점점 옅어지고 있음을 감안하면 매우 비현실적인 조항인 셈이다. 인구 대비 수급자 비율 역시 2017년까지도 제도 출범 시와 크게 다르지 않은 3.05%였다가 2021년에야 4.57%로 증가했다.

이런 한계에도 불구하고 1999년 기초보장법의 제정은 당시 사회적 분위기에서는 꿈꾸기 어려웠던 '인간다운 생활을 할 권리'를 향한 여정의 시작이었다는 점에서 여전히 한국의 복지국가 발달사에서 빛나는 이정표이자, 김대중 정부의 중요한 업적이라고 할 수 있다. 국민 기초 생활보장 제도의 도입은 산업화와 민주화라는 과제를 통과한 한국이라는 나라가 사회적 시민권을 인정하는 현대적 복지국가로 진입했음을 알리는 신호탄이었다.

이제 국민기초생활보장법 제정 과정의 정치에 나타난 특징들을 정리해 보자. 국민기초생활보장법 제정 과정은 민주화 이후 한국의 복지정치가 크게 변화하고 있음을 보여 주었다. 여러 연구가 지적하듯이 시민운동 단체의 역할은 가장 눈에 띄는 변화였다. 생활보호법을 비롯하여 한국의 기존의 사회 복지 입법 과정은 일반적으로 행정부가 정책을 입안하면 집권당이 주도하여 국회에서 법을 제정하는 형태로 이루어졌다.

반면, 기초생활보장법은 시민운동 단체가 문제 제기와 의제 형성, 정책 대안 제시에 이르기까지 주도적 역할을 하여 법 제정을 성사시키는 과정을 밟았다. 시민운동 단체들은 스스로 정치적으로 조직화되기 어려운 빈민들을 대신하여 일종의 공익 담지자로서 복지정치의 중요한 행위자로 떠올랐던 것이다. 시민운동 단체의 적극적이고 활발한 활동은 이념적, 정책적으로 반대편 입장에 서 있던 보수 언론과 자유주의적 연구자들, 예산처를 비롯한 경제 부처들의 대응을 촉발해 뜨거운 논쟁을 낳기도 했다. 이런 입법 과정은 사실상 '복지정치'라고 부를 만한 것이 존재하지 않던 권위주의 시기와 비한다면 실로 괄목할 만한 변화였다. 민주화가 이를 가능하게 했다면, 김대중 정부로의 정권 교체는 이를 촉진하는 역할을 했다고 봐야 할 것이다.

한편, 이렇게 시민운동 단체가 복지정치의 주역으로 떠오르게 된 것은 민주화에도 불구하고 정당과 국회가 이익 결집을 통한 정책 입안 기능을 제대로 수행하지 못했기 때문이라고 할 수 있다. 권위주의 정부 하에서 정당은 정책결정의 중심에서 밀려났고, 국회는 행정부의 정책안을 통과시켜 주는 '통법부(通法府)' 역할을 해 왔다. 민주주의로의 전환 이후에도 정당과 국회의 역할은 크게 변화하지 못했는데, 이는 지역주의로 인한 정책 정당화의 지체와 지연된 당내 민주화로 정당의 정책 기능이 여야를 막론하고 매우 더디게 발전해 왔기 때문이다. 공익적 시민운동 단체가 정당의 역할을 대신 수행했던 것은 이렇게 민주화에도 불구하고 정치 사회의 변화는 매우 지체되었던 한국의 상황이 낳은 산물이었다.

시민운동 단체의 지대한 역할이 민주화 이후 복지정치에 있어서의 가장 뚜렷한 변화였다면, 대통령의 결정적 역할은 어떤 의미에서는 과거와의 연속성을 가장 잘 보여 주는 부분이라고 할 수 있다. 이슈화와 의제 형성, 그리고 정책 대안 수립 단계에서 가장 중요한 역할을 한 것이 시민운동 단체라면, 정책결정 단계에서 가장 중요한 역할을 한 것은 대통령이라는 평가가 나올 정도로, 대통령의 공식적 한마디와 관심 표명은 위력을 발휘했다. 김대중 대통령은 울산 발언을 통해 1999년 초반 이후 무산의 위기 속으로 빠져들어 가고 있던 기초보장법을 되살려 냈다. 법 제정에 대한 기획예산처의 마지 못한 동의도 대통령의 발언이 없었다면 불가능했을 것이다. 또 시민운동의 공식적 정책결정 채널 접촉이 힘을 발휘할 수 있었던 것도 결국은 대통령에게로 향한 통로였던 비서실과의 접점을 확보할 수 있었기 때문이다. 이런 대통령의 지대한 영향력은 대통령제하에서 최고의 행정 기관으로서 대통령이 지니고 있는 권위에 기인한 것이기도 하지만, 김대중 정부에까지 연장되고 있었던 과거의 대통령의 막강한 권력의 유산이기도 했다. 역설적이게도 권위주의 시절의 연속선상에서 주어진 대통령의 막강한 권력이 권위주의 시절에는 꿈꾸기 어려웠던 진보적 입법을 위해 이용된 것이다.

다음으로, 시행령·시행 규칙을 제정하는 기초보장법 제정의 후반기 정치 과정은 과거 발전 국가의 유산이 경제 위기 이후 신자유주의적 변용을 겪으면서도 여전히 힘을 발휘하고 있음을 보여 준다고 할 수 있다. 기초보장법의 시행령·시행 규칙을 정하는 과정에서 법안의 국회 통과까지 주도적 역할을 해 왔던 연대회의는 정책결정의 비공식적 행위자이자 선출되지 않은 권력으로서 별다른 역할을 하지 못했다. 그리고 법안의 희석화 내지 훼손을 바라봐야 했다. 시행령·시행 규칙을 정하는 과정은 기본적으로는 부처들 간의 관료 정치의 과정이었는데, 여기서 기획예산처는 압도적인 우위 속에서 자신의 입장을 최대한 관철시켰다. 예산처는 예산의 규모와 우선 순위를 결정하는 부처로서 일반 부처들보다 우위에 서 있었던 것이다.

<면담자 명단>

| | 피면담자 | 국민기초생활보장법 제정 당시 직책 | 면담 일시 | 면담자 |
|---|---|---|---|---|
| 면담 1 | 김미곤 | 한국보건사회연구원 연구위원 | 2007.08.16. | 김영순 |
| 면담 2 | 이성재 | 새정치국민회의 소속 국회의원 | 2020.07.28. | 김미곤 |
| 면담 3 | 송경용 | 성공회 신부, 국민기초생활보장법 제정추진연대회의 의장 | 2020.07.07. | 김미곤 |
| 면담 4 | 문진영 | 서강대 교수, 국민기초생활보장법 제정추진연대회의 정책위원장 | 2007.05.17. | 김영순 |
| 면담 5 | 신필균 | 대통령비서실 민정비서관 | 2007.05.01. | 김영순 |
| 면담 6 | 진영곤 | 기획예산처 복지노동예산과장 | 2007.08.12. | 김영순 |
| 면담 7 | 김성재 | 대통령비서실 민정수석비서관 | 2023.02.24. | 『김대중대통령의 복지 노동개혁』 집필진 |
| 면담 8 | 차흥봉 | 보건복지부 장관 | 2020.07.29. | 김미곤 |